哲学大爆炸

Ni De Ren Sheng Yao Ni Zi Ji Zuo Xuan Ze

你的人生
要你自己做选择

每天读点苏格拉底

张丽娜◎著

江西人民出版社
Jiangxi People's Publishing House
全国百佳出版社

图书在版编目（CIP）数据

你的人生要你自己做选择：每天读点苏格拉底 / 张
立娜著. -- 南昌：江西人民出版社，2016.9

ISBN 978-7-210-08717-5

Ⅰ．①你… Ⅱ．①张… Ⅲ．①苏格拉底(Socrates 前
469-前399)—哲学思想—通俗读物 Ⅳ．①B502.231-49

中国版本图书馆CIP数据核字(2016)第197745号

你的人生要你自己做选择：每天读点苏格拉底

张立娜 / 著

责任编辑 / 胡滨　刘荆路

出版发行 / 江西人民出版社

印刷 / 保定市西城胶印有限公司

版次 / 2016年9月第1版

2018年5月第4次印刷

880毫米×1280毫米　1/32　7印张

字数 / 150千字

ISBN 978-7-210-08717-5

定价 / 32.80元

赣版权登字-01-2016-523

如有质量问题，请寄回印厂调换。联系电话：010-64926437

序

　　在探讨苏格拉底之前，我想问问你：你快乐吗？你是不是每天都浑浑噩噩、毫无头绪？你是不是经常觉得生活沮丧、工作有压力、心灵得不到释放？如果是，那么，继续看以下的内容。

　　苏格拉底是西方哲学开山鼻祖之一，比孔子晚生82年，他和柏拉图、亚里士多德并称为"古希腊三贤"。苏格拉底生活的时代，正是公元前469年至公元前399年之间。彼时，民智初开，山泽为牢，自然科学知识还处在蒙昧和愚钝之中。在苏格拉底之前，一些西方的哲学家们，还在为探索自然知识的奥秘而孜孜不倦。宇宙的本源、世界的构成，成为古希腊哲学家的议题；苏格拉底之后，希腊的哲学家才正式探讨人类自我的意义，探讨社会伦理道德。苏格拉底成为哲学史上划时代的象征符号。

苏格拉底是世界上第一个因为思想和言论被处死的哲学家。因为他不信仰当时的神，又经常发布一些让当时的希腊政府不喜欢的言论，希腊政府认为他"腐化青年"，于是判处苏格拉底死刑。苏格拉底本来有求生的机会，却不愿意委屈求全而践踏自己的哲学主张，自愿赴死。可以说，他是历史上唯一的一位为说"真话"而慷慨死去的勇士。他死后两个月，希腊政府意识到错判了苏格拉底，对其给予平反，把状告苏格拉底的原告判处了死刑，并在其曾经讲学的广场上树立苏格拉底的铜像，以示纪念。一个伟大的哲学家死后得以昭雪，不知是不是一种更深层次的悲哀。

苏格拉底的学生柏拉图和色诺芬记载了他的言论，才使得苏格拉底的思想以文字的形式留存于世。一个伟大的哲学家所具有的睿智直达心灵的思想才得以流传下来。由是，他成为几千年来人们认识自我、潜修心灵的智者和导师。在几千年的历史长河中，他以愈来愈清晰的面貌出现在各类媒体上，他的光芒更成为年轻人的思想导师。迷茫的一代人，在他的哲学思想里，逐渐开解了心灵，找到了幸福和快乐。

随着物质生活越来越富裕，人们越来越关注心灵的缺失。美国有一个叫丹·米尔曼的年轻人，是参加世界锦标赛的运动员，以他个人亲身经历为素材而拍摄的电影《深夜加油站遇见苏格拉底》一经问世，立即风靡世界。

美国青年丹·米尔曼在大学期间就已经代表美国体操联盟到过德国、法国与英国，赢得了世界蹦床锦标赛冠军。大二期间，丹·米尔曼的事业和人生达到了顶峰，用他自己的话来说："我是个天生的特技运动员，外表清爽整洁，褐色的头发理得短短的，身材精瘦结实。我老爱挑战大胆吓人的特技，从小就喜欢游走在恐惧的边缘。"丹·米尔曼的运动生涯，就是在体育场寻找挑战、刺激和成就感的过程。就在这种不停挑战自我、准备迎接世界级别的奥运会挑战时，他的心情却降到了一个极低的水平，他夜夜睡不着觉，失眠，压力大，生恐在某一个空翻或者旋转动作中失误，冠军梦和失误的焦虑不停地在他脑海里交织作战。为了减轻这种焦虑，每个深夜他都在马路上跑步。在跑步过程中，他路过一个加油站，有一位夜里上班的老人，经常和他谈一会儿人生。随着交往的加深，丹·米尔曼逐渐减轻了焦虑，内心变得平和、宁静，在一系列运动比赛中不再紧张害怕，动作做得无比流畅自如，可就在他挑战冠军梦的前夕，遭遇车祸，伤病好后再也无法进入体育场，他的人生发生一连串的改变。又是在深夜，他走进了加油站，和这位带点幽默感的老人聊天，老人并没有跟他很深刻的大道理。两人一个逗哏，一个捧哏，搭档配合，犹如默契的相声演员，把人生的道路解析通透。从此以后，丹·米尔曼又变为积极乐观的人。丹·米尔曼把这位智慧老人称之为古希腊哲学家苏格拉底。

实际上，丹·米尔曼所遭遇的苏格拉底是给他人生驿站加油的人，这就是他内心的力量。也许，我们每个人都需要有这样一位时不时为人生加油的智慧老人。在我们遇到挫折、跌落人生低谷的时候，时不时地给我们的人生鼓鼓劲；在我们迷茫的时候，时不时地为我们指出一个方向。这也是本书写作的初衷。

重新探究苏格拉底，听一听这位睿智的老人告诉我们的活着的意义、什么是爱情、在事业低迷时我们该怎么做。我们需要他给我们鼓鼓劲儿。我也希望你在品读本书的时候，不要一口气就看完，而是每读完一个章节，就细细地品味一下，咀嚼一下，然后体味出什么道理来，再继续往下读。同时，因为此书有很多苏格拉底讲解的克服人生困境的详细步骤，这有助于你能详细地规划自己，所以我希望你能按照他教诲的去做。试试看，能不能让你的人生发生质的改变？

希望我们都能在苏格拉底睿智的话语里，活出正能量。此书献给正在人生十字路口迷茫的你。

这是一部改变命运的书，希望你喜欢。

目录

第一章　青春是一本太仓促的书

第一节　未经审视的生活是毫无价值的 …………002

第二节　不学无术乃罪恶之花 …………006

第三节　最优秀的人就是你自己 …………010

第四节　从困境中突破，从逆境中崛起 …………013

第五节　我像求生一样汲取知识的甘露 …………016

第六节　一旦有了理想，脚步也会轻松起来 …………020

第七节　热爱你的工作，它会让你更值钱 …………023

第二章　要爱请深爱，不爱请走开

第一节　成功，从爱老婆开始 …………………………028

第二节　爱情，下一个永远是最好的 …………………031

第三节　感谢那个抛弃你的人 …………………………034

第四节　男人活着靠健忘，女人活着靠牢记 …………039

第五节　最热烈的爱情会有最冷漠的结局 ……………042

第六节　这种荒谬的迷恋让你失去理智 ………………046

第七节　坏老婆使男人成为哲学家 ……………………049

第三章　可以不忘记，但一定要放下

第一节　不要靠馈赠去获得朋友 ………………………054

第二节　不要生气要争气，不要拖延要积极 …………057

第三节　越舒适的环境，越让人沉陷 …………………060

第四节　破解"情人眼里出西施"的美学问题 …………062

第五节　想左右天下的人，须先能左右自己 …………067

第六节　你只需要努力，剩下的交给时光 ……………071

第七节　人有两耳双目一舌，应该多听多看少说 ……073

第四章　走向远方是为了让生命更辉煌

第一节　知足是天然的财富，奢侈是人为的贫穷 ………078

第二节　越努力，越幸运 ……………………………081

第三节　牢骚太盛防肠断，风物长宜放眼量 …………085

第四节　吾生也有涯，而知也无涯 …………………089

第五节　道可道，非常道 ……………………………093

第六节　与恶龙缠斗过久，自身亦成为恶龙 …………097

第七节　每个人的一生，都有七次改变命运的机会 ……100

第五章　梦想还是要有的，万一实现了呢

第一节　不要迷信成功学　要多看别人的失败经历 ……106

第二节　不戚戚于贫贱，不汲汲于富贵 ……………109

第三节　想出名，不要适得其反 ……………………113

第四节　徘徊不前，就是给别人让路 ………………118

第五节　对作家来说，写得少是这样有害 …………121

第六节　单曲循环是一种固执的病 …………………125

第七节　吃饭是为了活着，活着不是为了吃饭 ………128

第六章　世界这么大，还是遇见你

第一节　恋爱大师冯唐和苏格拉底的爱情观 ⋯⋯⋯⋯ 134

第二节　我爱这哭不出来的浪漫 ⋯⋯⋯⋯⋯⋯⋯⋯ 138

第三节　温柔男和泼辣女的婚姻也很甜蜜 ⋯⋯⋯⋯ 142

第四节　有抱负的人，永远是婚恋市场的奇缺货 ⋯⋯ 145

第五节　说说外遇这件事 ⋯⋯⋯⋯⋯⋯⋯⋯⋯⋯⋯ 148

第六节　爱人的唠叨也是幸福 ⋯⋯⋯⋯⋯⋯⋯⋯⋯ 151

第七节　婚姻是一种理智 ⋯⋯⋯⋯⋯⋯⋯⋯⋯⋯⋯ 154

第七章　我叹世事多变化，世事望我却依然

第一节　成功的人都会借势 ⋯⋯⋯⋯⋯⋯⋯⋯⋯⋯ 160

第二节　不要只顾肉体，还要保护灵魂 ⋯⋯⋯⋯⋯ 162

第三节　未来的你，一定会感谢现在的坚持 ⋯⋯⋯ 166

第四节　逆境是最高学府，难题是智慧之门 ⋯⋯⋯ 169

第五节　跑"应跑的路"不易，"跑到尽头"更困难 ⋯⋯ 173

第六节　走到哪一个阶段，就该喜欢哪一段时光 ⋯⋯ 176

第七节　决定心情的，不在环境而在心境 ⋯⋯⋯⋯ 180

第八章　即使输掉了一切，也不要输掉微笑

第一节　时机对了，事就成了 ………………………… 186

第二节　返本事首，觉行最重 ………………………… 189

第三节　甘愿愉快地忍受劳累，是因为美好希望的鼓舞 193

第四节　死亡的门前，要思量的不是生命的空虚 ……… 196

第五节　难道你希望看到我被公正地处死吗 ………… 199

第六节　我像猎犬一样追寻真理的足迹 ……………… 202

第七节　就算遍体鳞伤，也要撑起坚强 ……………… 206

后　　记 ……………………………………… **209**

第一章

青春是一本太仓促的书

亲爱的朋友，你是否处在青春的路口，迷茫又迷失？你的内心是否有太多的问题却又无从说起？你想独立、自主、自由地工作与生活，可是，现实生活总有太多的羁绊，让你无所适从。青春转瞬即逝，未来一片茫然，这个时候，请坐下来，静静地聆听苏格拉底的教诲吧！他会告诉你，什么是工作的意义，面对逆境怎么做，如何珍惜自己、看重自己！在时光的交错里，我们必须要懂得，最优秀的人就是你自己。

第一节　未经审视的生活是毫无价值的

　　　　未经审视的生活是毫无价值的。

——苏格拉底

　　公元前469年，距今约2500年前，一位伟大的人物诞生了。他就是希腊著名的哲学家苏格拉底。

　　苏格拉底出生在雅典一个贫寒的家庭里，他的父亲是一名雕刻匠，母亲是一名助产妇。他长大后，由于雄辩的才略以及高贵的品格被人们所推崇，云集在他周围的人非常多，他们经常聆听他的见解，分享他的智慧。苏格拉底被当时的人誉为"世界上最有智慧的人"。苏格拉底曾经说过：未经审视的生活是毫无价值的。苏格拉底的这句话说的是，活在世上不能茫无目的地过，要不时地审视自己生活的意义和目标。

　　行色匆匆于这个人世，我们有时候走得过于匆忙，不停地采摘着人生路途中的果实，却从来没有审视过自己的人生。我们应该经常问一问，为什么我要过这样的生活？还能不能发生改变？如果可以，我能不能去远方看看风景？成功如果意味着金钱和地位，那么，我今天得到了吗？如果我现在拥有了这一切，还有什么是我期盼的？难道只有骄奢的生活、追求更高的刺激、去享受更精美的美食，是我所追求的吗？如果我还没有得到这一切，我是不是应该奋力去追求？或者，追求金钱和地位，是不是一种谬误……

这就是我们应该审视的生活，对此，苏格拉底也说：未经审视的生活是毫无价值的。这句话的意思是，一种生活如果没有经过考察，是不值得过的。

的确，如果一种生活我们没有深思就这样过下去，是不是有点荒唐？可是，当我们审视自己和他人的时候，发现大部分人都在过着这样的生活。没有人思考过他为什么贫穷？没有人思考过别人为什么能够靠知识改变命运？我们一步步走来，觉得上天就是这样安排的，也有的人称之为：命运。为了得到答案，这些相信命运的人，会在周易八卦、奇门遁甲里找寻人生的意义；这些相信命运的人，最终还是无法自圆其说，他们的人生终究是空虚的……

苏格拉底教诲我们，我们要经常审视自己的人生，不要走偏了道路。在他之前，古希腊也有不少哲学家探究哲学命题，可是他们讨论的大部分是宇宙的形成、自然万物的更迭以及雷雨闪电的奥秘，这部分占代表性的人物是赫拉克利特与德谟克利特，直到苏格拉底才正式探讨人生的意义。苏格拉底认为，哲学家应该是把生命的意义看得比生命本身更重要的人。哲学的本义是爱智慧，爱智慧甚于爱一切，包括甚于生命。

正是苏格拉底深邃的哲学思想，我们才应该一次一次地审视自己的生活。

前几天在一次展销会上，我又遇到了罗宏明，他开着一辆宝马5系，西装笔挺、风度翩翩地和主办方说着什么。我知道，罗宏明已经翻身了，别人只看到了他今天的光鲜，实际上，他也有过不堪回首的日子……

罗宏明生长在农村，家庭贫困，父亲早亡。在他读高二那年，他的母亲干农活时，被一堵突然倒塌的墙砸死，罗宏明就此失去了经济来源，不得不辍学回家。家，其实已经不成为家了，除了一个和他相依为命的弟弟之外，没有了任何亲人。罗宏明把弟弟安顿好，说自己挣了钱供他读书，于是就背起了行囊，去了远方打工。在遥远的他乡，罗宏明在工地上搬过砖、在流水线的工厂安装过电子零件、在砖窑上推过盛满砖的小车……他挥洒着青春的汗水，把挣到的钱寄给家里的弟弟。就这样，他辛苦地干了两年。有一天，他走在街上，看到一个修理自行车的摊位，用旧油毡搭了一个小屋子，里面住着一家五口。男的修自行车，女的是个智障，他们的三个孩子在外面滚的滚，爬的爬，浑身沾满了泥巴，这一家人对此就好像司空见惯，眼神漠然地看着三个孩子在地上玩，根本就不制止，也不想制止。罗宏明被这一幕震惊了，生活到了这步田地，人的卑微到了如此地步，这样的人生有什么意义？他又想到自己，如果一辈子这样搬砖、推小车，日后的生活也不会比这一家人好到哪儿去。

回到集体宿舍后，罗宏明第一次审视自己的人生，他觉得，这一辈子，要么活出样子来，要么不如死去。如果以后的命运就像住在街边的一家五口一样潦草，还不如不活着。

罗宏明带着两年的积蓄，重新回到了学校。他跟学校的领导说了自己的家庭情况，本来他是一个腼腆的人，以前和领导说话都不敢，现在为了生活，他必须要克服自己的怯懦，勇敢地表达自己的意愿。校领导免了罗宏明兄弟俩的学费，这样罗宏明积蓄的不多的钱就可以供自己和弟弟吃饭了。回到学校的罗宏明抛开一切杂念，认真攻读，白天晚上都不休息，抓住一切机会拼命学习。用了一年时间就考上了一所名牌大学，在大学里他勤工俭学，利用家教的机会锻炼自己的社会能力，用积蓄的钱来供自己和弟弟生存。大学几年，他从来不和别人攀比穿名牌衣服，只是很努力地学习和进行社会实践。到了大学毕业时，他已经被一家大型企业选中，当上了业务经理，之后又靠着勤奋升任项目总经理，身份发生了逆转终于买得起。

这是一个穷人家的孩子审视自己的经历，如果没有当年在马路边所发生的那一幕，他也不会受到震撼，也许会碌碌无为，一生挣扎在贫困线上。他审视自己，使得自己的命运发生了逆袭，人生有了质的飞跃。

未经审视的生活是毫无价值的，你审视自己了吗？

第二节　不学无术乃罪恶之花

无知即罪恶。

——苏格拉底

有人给苏格拉底讲了一个故事：从前有一位美丽的姑娘，她有一个奇怪的癖好，养了一头熊当宠物。这头熊对女主人非常忠诚。

有一天，姑娘带着这只熊出去游玩，在一个山洞休息的时候，姑娘觉得有点疲倦，就趴在石头上睡着了。有一只讨厌的苍蝇落在姑娘的脸上，这头熊看见了，就挥舞双手驱赶这只苍蝇，苍蝇飞走又飞回来，依旧落在了姑娘的脸上。这头熊愤怒了，它拿起一块硕大的石头，说"看你还欺负我的女主人不"，然后对着苍蝇狠狠地砸去……后果可想而知，这头熊的主观意识是好的，可是它却办了错事，酿成大错。

有人问苏格拉底：这头熊究竟是一头好熊还是一头恶熊？

苏格拉底叹了口气，说道："无知即罪恶。"

的确，如果不是这头宠物熊无知，这位美丽的姑娘也不会丧命。虽然熊的用意是好的，但好心办错事，这就是一种无知的表现。无知就是罪恶，不可原谅。

古希腊哲学家亚里士多德也曾经说过："古往今来，人们开始哲理探索，都应起于对自然万物的惊异。一个有所迷惑与惊异的人，每每惭愧自己的愚昧与无知；他们探索哲理的目的就是为摆脱愚蠢。"

需要说明的是，亚里士多德是柏拉图的学生，而柏拉图又是苏格拉底的学生。论辈份，苏格拉底是亚里士多德的师爷。亚里士多德继承和发扬了苏格拉底的思想。苏格拉底、柏拉图、亚里士多德被后人称为"古希腊三贤"。

无知即罪恶，这句话听着并不复杂，可是我们身在尘世间，并不能完全做到彻底的了悟。青春总有那么多的惆怅让我们缅怀，而我们曾经因无知而犯下的错，又有几人能懂？

中学时候，有一位漂亮的女孩引起过我的注意。韩雪是位出类拔萃的女生，她有一双又大又黑的眼睛，眼睫毛很长，眉毛也特别黑浓，比最黑的墨还要黑。看起来很是聪明精干，她的发型很短，是一种假小子样式，估计是发质较硬的缘故，总有一缕头发在她的头顶像凤仙花一样飘摇。不得不说，在我们那个封闭式军事化管理的学校里，韩雪以她独特的美吸引了不少男生。

我们都以为，韩雪不会爱上谁，她是那么独立、那么开朗、那么潇洒的女生。她时常张着嘴大笑，露出一口雪白雪白的牙齿。她从来不会像古典美女一样，羞涩地笑，腼腆地笑。怀有爱慕之心的男生和她套近乎，她不知是不懂还是故意装糊涂。男生说："韩雪，借你的笔记用一用。"韩雪慷慨递给对方："我写得也不完全啊！"

"韩雪，这道数学题是怎么解的。"学生时代的男生和女生搭讪的借口，总是这么几种。

"哦！这道题很容易的，你看，a<0，b<-1，下列等式条件能成立的，就只有ab>ab2>a了……"

韩雪以为对方是真的不会，她很认真地给对方讲一遍，对方用痴情的双眸看着韩雪的大眼睛，那种木讷怔忡的神情却被韩雪误以为是对方还不懂，于是，她会再给对方讲一遍。

韩雪的恋爱发生在高二，她爱上了班里的学霸王致和，这个和卖臭豆腐的王致和同样姓名的男生，每次考试都是稳操胜券的第一名，韩雪喜欢上了他。

王致和并不爱韩雪，他喜欢柔美娇弱型的，他爱的是邻班的班花。说来也巧，班花并不爱王致和，她爱韩雪班里一位男生。更巧的是，该男生对班花不感冒，偏偏爱韩雪。

就这样，这个循环爱情链成立了。韩雪为了得到王致和的爱，学着向柔美方向发展，她留长发，眼睛也不再机灵地闪呀闪了，而是变得忧郁迷离，她还学会了发呆。

最后的结局不太完美，王致和高考出乎意料地名落孙山，韩雪退学了，邻班班花去了国外，爱韩雪的男生高考落榜后，去复读。

5年后，在街上看见韩雪，她正守着一个水果摊位，模样很是憔悴，眼睛也失去了神采。她的旁边是王致和。王致和开着个肉铺，长相开始向着彪悍的方向发展。两个人一边守着自己的铺位，一边攀谈着，两人已经结婚。

听说，当年的韩雪为了追上王致和，处处模仿邻班校花，变得不爱学习。脑子里除了港台明星就是韩国明星，学习渐渐地跟不上，就退了学。经常拿第一的王致和觉得自己思想僵化，不如班花喜欢的男生机灵可人，就开始试着去打篮球，下了课，不再在教室里学习功课，而成了运动场上的健将。当然，他并没有去参加全国运动会，顶多就是在十几个人的小圈子里有了成就；而邻班班花，听说很有男人缘的韩雪很会解数学题，竟努力钻研，她也想让自己成为才貌双全的女生，高考时报了国外的学校，竟然被录取；喜欢韩雪的男生，则变得发奋刻苦，高考落榜，又去参加复读，据说现在已经大学毕业，至于工作单位，不得而知。

事情就是这么巧妙，变得不爱学习的两个人，韩雪和王致和组成了家庭。想起了苏格拉底的一句话：无知即罪恶。也许，苏格拉底是对的，不努力、不学习的两个人，往往下场不是那么美妙。当然，如果从另一个角度来看，韩雪和王致和也是蛮幸福的。

第三节　最优秀的人就是你自己

> 最优秀的人是你自己。
>
> ——苏格拉底

苏格拉底要求他的一个得力助手给他找一位最优秀的人来继承他的思想。助手很快应承下来，他不辞辛苦地走过很多地方，找到很多有智慧、有勇气的人。可是，他们最后都被苏格拉底否决了。助手最后垂头丧气地回来了。

苏格拉说："辛苦你了！失望的是我，对不起的却是你自己啊！最优秀的人其实就是你自己。可是你不敢相信自己，最终把自己耽误了……"

助手因为不敢相信自己就是那个最优秀的人，白白失去了一个获取成功的最好机会。可以说，我们每一个人都有不如人意的地方。有的人生得美一点，可是不够聪明；有的人够聪明，却缺乏幽默；有的人有幽默感，却没有很高的文凭；有的人有文凭，却不谙世事，出去买个菜也不会还价……人无完人，金无足赤。能够降生到尘世，就是上天给我们的恩赐。既然生而为人，就应该明白，自己在这个社会上，绝不是一个无能、无知的角色，别人能做到的，我们也能做到。

人活一辈子，没有什么不可能的。最穷无非讨饭，不死终会出头。马克思也说过，伟人之所以是伟人，关键在于我们跪着，快站起来吧。站起来，就是一个大写的你，倒下来，此地就是你的无底洞。你是愿意在无底洞里摸着黑自怨自艾一辈子，还是准备站出来做一个大写的人？

苹果教父乔布斯驾鹤西去几年了，作为苹果公司的创始人，乔布斯的个人魅力无可抵挡，尽管乔布斯有着各种各样的缺点。在美国出品的影片《乔布斯》中，从人性的角度剖析了乔布斯"抛弃非婚生女儿，刻薄对待合伙人、动辄歇斯底里"等缺点，可是乔布斯有一条最大的优点，就是相信自己"活着能够改变世界"。乔布斯为苹果做的宣传语里说："献给疯狂的人、不合群的人、反叛的人、制造麻烦的人……那些看待事物与众不同的人们。他们不喜欢规则，他们厌恶墨守成规。你可以认同他们，反对他们，神话或者妖魔化他们，但你就是不能无视他们。因为他们能够改变事物，他们推动人类向前。就算别人把他们当作疯子，我们看到的是天才。因为只有那些疯狂到相信自己能够改变世界的人，才是真正改变世界的人。"

"只有那些疯狂到相信自己能够改变世界的人，才是真正改变世界的人。"正是本着相信自己最优秀的原则出发，在最初的艰难境况里，21岁的乔布斯和朋友在自家车库里成立了苹果公司，这就是苹果公司的雏形，此后苹果电脑走入了市场，数十年内连获成功。由于乔布斯的经营理念和当时大多管理人员不同，

1984年由董事会裁决，撤销了乔布斯的经营大权，乔布斯被逼出走。

离开苹果的乔布斯没有了任何资源，还被迫应允了不建立与苹果竞争的电脑公司的苛刻条件。乔布斯在低迷的事业期依然相信自己，他收购了一家电脑动画效果工作室，成立了皮克斯动画工作室；之后推出了全球首部全3D立体动画电影《玩具总动员》，公司在2006年被迪士尼收购，乔布斯也因此成为迪斯尼最大个人股东。自此，乔布斯又一次获得了成功，并在苹果公司"还差90天就要破产"的危机时刻，于1997年被邀请重新回到了苹果。回来后的乔布斯对苹果进行了大刀阔斧的改革，终于使苹果再一次焕发出勃勃生机。乔布斯就是相信自己是最优秀的，所以他成功了。

另有一些本身条件很好的人，反而由于不自信，却毁掉了一生的前途。尼克松是我们极为熟悉的美国总统，但就是这样一个大人物，却因为缺乏自信的一个错误而毁掉了自己的政治前程。

1972年，尼克松竞选连任。由于他在第一任期内政绩斐然，所以大多数政治评论家都预测尼克松将以绝对优势获得胜利。然而，尼克松本人却很不自信，他走不出过去几次失败的心理阴影，极度担心再次出现失败。在这种潜意识的驱使下，他鬼使神差地干出了后悔终生的蠢事。他指派手下潜入竞选对手总部的水门饭店，在对手的小公室里安装了窃听器。事发之后，他又连连阻止调查，推卸责任，在选举胜利后不久便被迫辞职。本来稳操胜券的尼克松，因缺乏自信而导致惨败。

马云长得身材矮小，其貌不扬，两次高考落榜，没有数学逻辑能力，前两次高考数学都没超过50分，就是这样一个被老师都认为没希望的人，成就了一番大事业，数次蝉联华人首富的宝座。他成功的秘诀，就是自信。他认为自己是最棒的，所以他就成为了最棒的！

相信自己最优秀，相信你是最棒的！做优秀的人就是你自己。

第四节　从困境中突破，从逆境中崛起

> 逆境是磨练人的最高学府。
>
> ——苏格拉底

苏格拉底家境并不富裕，父亲是一名石匠，所谓的石匠，就把石头雕刻成一件艺术品的匠人。当时，古希腊的雕刻艺术已经很有成就，我们应该在各类媒体上，看到过古希腊的雕像遗迹。那些惟妙惟肖的雕刻和流畅自然的人体艺术，让人流连忘返。虽然苏格拉底的父亲是一位能工巧匠，可是并不富裕。在当时的社

会，地位较高的是皇室贵族，石匠就相当于今天的蓝领工人，工作辛苦，社会地位也不算高。因为家庭贫寒，苏格拉底的母亲就去做了接生婆，谁家的产妇要生孩子，就把苏格拉底的母亲接去。如果半夜里有人来敲门，苏格拉底的母亲也会立刻从床上坐起来，急急忙忙穿衣服，赶往产妇家中。往往费了好大劲，帮着产妇把孩子接生下来，她也累得浑身虚脱了。这份工作很累，条件也很艰苦，所得的报酬也不多。苏格拉底在这样一个艰苦的环境中长大，父母为了生活奔忙的身影印在了他的脑海里。

青少年时代，苏格拉底曾跟父亲学过手艺，后来又爱上了文学，熟读《荷马史诗》及其他著名诗人的作品，靠自学成了一名哲学家。生活的贫苦没有让苏格拉底消沉，他在家人忙碌的身影里，得到了努力才有收获的道理，贫寒让他过早地洞察了人性、了解了人情，加深了人生的阅历，对世情有了通透了然的心态，这种阅历也促成了他的成功，让他的哲学思想发出了熠熠的光辉。

我们每个人都应该有一颗面对逆境不卑不亢的心态。这句话不是空泛的，不是说说就能做到的，它需要你有坚忍的耐心。对于每个人来说，生活都不可能永远都是平坦的大道，就连有个好爹的演员张默，也是既打架又吸毒的，几次入狱。这样的公子哥，都免不了磕磕绊绊，不能一帆风顺，更何况我们平常人呢？

逆境中，你一定要挺住。要知道，锻炼一个人，最高的学府不是学校，而是那一段黑漆如墨的日子。那段日子，你孤独，你无助，你觉得脆弱，想有个依靠让自己倚靠，可是没有，没有这样一个人让你倚靠，没有人安慰你。你所拥有的，只有彻骨的寒冷。你失望极了，也许有的人会选择自杀。

逆境的时候，你一定要心平气和，把这段时间当作你储备力量的黄金时期。滴滴打车的创始人程维说过这么一句话：努力到无能为力，上天就会给你开一扇窗。这句话，也是程维自己的写照。

程维最初在阿里巴巴工作，职位做到了区域经理，后又担任支付宝B2C的业务副总经理，事业上也算是小有成就，却在最风光的第八年离开了阿里巴巴，选择了自己创业滴滴打车。每一个创业者最初的那段时间，都是孤独的。当时是2011年，很多人都说，智能手机都没有，做打车软件是不是天方夜谭？程维考虑的是，正因为没有人做这个事，才值得尝试。如果智能手机普及了，他再去做，就没有他的市场了。

滴滴的软件开发出来后，北京有189家出租车司机，40天的努力游说，没有一家公司肯和他签约，他的计划本来是两个月内突破1000个司机，结果一个司机都没有，甚至好多人会考虑这样一个问题：交通部门同意不同意你们这样搞？每天上午精神抖擞地去跑业务，晚上垂头丧气地回到公司，终于在第四十多天的时候，有一家昌平的出租车公司肯和他签约了，再后来，有了第二家、第三家……程维终于成功了。

事业成功后，程维说：人在没有希望的时候，是会疯掉的，但是，这个时候正是人生的修炼，就像麦哲伦航海，他当年带了3艘船出去，碰到了无数的困难，但他清楚地知道自己的路是不会错的，只要能够闯过去，就是胜利，所以他做到了。每一个创业者都是辛苦的，逆境最能锻炼一个人，如果人生走得太顺，那么遇到困难的时候就会被吓回去。只有不停地超越逆境，才能成功。

这也是苏格拉底的哲学思想，逆境是锻炼人的最高学府，走出黑暗，才能造就辉煌。

第五节　我像求生一样汲取知识的甘露

要想向我学知识，你必须先有强烈的求知欲望，就像你有强烈的求生欲望一样。

——苏格拉底

有一位年轻的弟子问苏格拉底什么是求知的欲望，苏格拉底没有直接回答，而是把他带到一条小河边，年轻人觉得很奇怪。只见苏格拉底"扑通"一声跳到河里去了，并且在水中向年轻人招了招手，示意他下来。年轻人也就稀里糊涂地跳下了水。

刚一下水，苏格拉底就把他的头摁到水里，年轻人本能地挣扎出水面，苏格拉底又一次把他的头摁到水里，这次用的力气更大，年轻人拼命地挣扎，刚一露出水面，又被苏格拉底死死地摁到水里。这一次，年轻人可顾不了那么多了，死命地挣扎，挣脱之后就拼命地往岸上跑。跑上岸后，他打着哆嗦对大师说："大……大师，你要干什么？"

苏格拉底理也不理会这位年轻人就上了岸。当他转身离去的时候，年轻人感觉好像有些事情还没有弄明白，于是，他就追上去问苏格拉底："大师，恕我愚昧，刚才你对我做的那些我还没有悟懂，能否指点一二？"苏格拉底看看这个年轻人还有些耐心，于是对年轻人说了一句很有哲理的话："年轻人，求知的欲望就像你刚才那种强烈的求生欲望一样，它使你欲罢不能。"

可以说，苏格拉底说的求知欲望，对于现今信息化的时代更为重要。一旦有一天你不努力了，你就跟不上时代的脚步，你就被out出局。

坐落于美国剑桥市的哈佛大学，是美国本土历史最悠久的高等学府，从该学府走出了8位美国总统和33位诺贝尔奖获得者，哈佛大学被公认为世界顶尖的高等学府之一。在这所学校里，从来没有看到过"我爸是某某"之类的贵族子弟驾车行驶，也看不见奢侈品、华贵服饰、高级化妆品。每一个人都迈着匆匆的脚步，看不见游荡散漫的人。

哈佛学校有一百座图书馆，每天都有学生在里面学习看书。

偌大的图书室，没有一个人喧哗。凌晨四点多的图书馆，依然灯火通明，没有人督促他们，也没有人强迫他们学习。他们对学习有一种强烈的求知欲望，时间对于他们如同生命一样宝贵，求知对他们如同空气一样不可缺少。

如果你去参观哈佛的餐厅，也会很惊讶，吃饭的时候，应该是最热闹的时候吧！吃饭这事如果发生在其他国家，喧哗的声音会震耳欲聋，尤其是人数众多的学校餐厅。可是，哈佛大学的餐厅就很安静，每个学生边吃边做笔记，没有一个学生光吃饭不学习的，更看不见一边吃饭一边聊天的。这种对学习的浓厚兴趣，不是有人给他们施加考分的压力，全凭自觉。

央视《世界著名大学》的制片人谢娟曾带着摄制组到哈佛大学访问，由于时差，到达美国的时候已经是半夜两点了，他们准备对哈佛大学搞个突然袭击，于是刚下飞机就去了学校，让他们惊讶的是，整个校园在半夜里竟然像白天一样灯火通明，那简直是一个不夜城。

谢娟介绍，在哈佛访问，第一个感觉就是这里的学生太苦了，但他们都是乐在其中，并不觉得苦，一切都靠自觉。是什么力量使得他们这么爱学习？一个人究竟有多大的潜力还没被激发出来？这样超强度的学习会不会让他们疲倦、感到有压力？他们这样学习，休息能不能得到保证？如果不睡觉，大脑就得不到休息，怎么参加第二天的学习呢？

接下来的实际观察，让这个摄制组又一次被震惊了。哈佛的学生学习时间是不分白天黑夜的，但是休息时间也很随意，学校公园的长椅上、餐厅的凳子上、图书馆里……随处可见睡觉的人。他们不分时间、场所，他们太累了。从他们身边走过的人也不会觉得惊奇，因为这已经是一种很普通的现象。

经过几天连续的访问，这个摄制组终于明白，这些学生对于学习有一种强烈的求知欲望，这种欲望就跟求生欲望一样强烈。而中国的大学生就很少有这样拼命学习的，我们国内的学生，在考大学的冲刺阶段会很辛苦，会玩命地学习，可很多人一旦考入了大学就彻底地放纵自己了。大学四年，正是哈佛大学是拼命学习的4年，是积蓄人生能量的黄金4年。所以，哈佛大学培养了世界一流的科技人才。摄制组采访回来，发出感慨：真正的精英不是天才，而是付出更多努力的人。

有专家在谈论中美教育的比较时说，国内的学生十年寒窗，并不是对学习有兴趣，很多时候是被动的、带有功利性的。结果，学习变得不再重要。美国大学生带着浓厚的兴趣，积聚能量为步入社会工作做准备的时候；身为中国的大学生却长长地舒了口气，觉得我终于可以好好地休息休息了。

求知欲望，是哈佛培养世界精英的原因所在。苏格拉底告诉我们，你一定要对学习有一股如同求生欲望的强烈渴望，你才能成功。

下面，让我们用哈佛图书馆墙壁的训言自勉：

1.此刻打盹，你将做梦；此刻学习，你将圆梦。

2.我荒废的今日，正是昨日殒身之人祈求的明日。

3.觉得为时已晚的时候，恰恰是最早的时候。

4.勿将今日之事拖到明日。

5.学习时的苦痛是暂时的，未学到的痛苦是终生的。

6.学习不是缺乏时间，而是缺乏努力。

7.幸福或许不排名次，但成功必排名次。

8.学习并不是人生的全部。但既然连人生的一部分也无法征服，还能做什么呢?

9.请享受无法回避的痛苦。

10.只有比别人更早、更勤奋地努力，才能尝到成功的滋味。

11.谁也不能随随便便成功，它来自彻底的自我管理和毅力。

第六节　一旦有了理想，脚步也会轻松起来

世界上最快乐的事，莫过于为理想而奋斗。

——苏格拉底

有一个年轻人听说苏格拉底很博学，就跑来询问苏格拉

底："苏格拉底，我最近事事不开心！"

"哦，亲爱的朋友，你为什么不开心？"

"我觉得生活没有意义，我整天除了工作就是吃饭、睡觉，偶尔的一点乐趣就是和朋友喝点闲酒，日子一天天过得很没劲！"

"朋友，你去找一个奋斗目标吧，有了理想，再去追求它，在这个过程中，你就会找到快乐！"

这个年轻人回去后，努力学习外国的语言，考上了国家学院的职位，成了古希腊为数不多的翻译之一，做出了一番事业，也找到了他的快乐。

是的，人只有在追求理想的过程中，才会寻得属于他自己的幸福和快乐。也许，理想是一个老生常谈的话题，随着多媒体的拓展，各类鸡汤不绝于耳，灌输在我们日渐疲乏的脑神经里，于是，我们已经变得不再那么容易感动，也认为所谓的理想不过是纸上谈兵的夸夸其谈。我们玩斗地主、三国杀，蓝钻宠物应有尽有，一级级升级，从普通麻将玩到血战到底，在虚拟快感里，也能得到刺激和所谓的幸福。可是，当游戏过后，你躺在深深的黑暗里，刚才你一路飙升的战绩已经不再让你兴奋，你觉得深深的失落、空虚，你觉得一切没意思透了，这个时候，就是你内心沉睡的小人开始苏醒了，你已经意识到了，你的生活没有追求。刺激性的游戏，虽然给你带来了短暂的兴奋，可是你的"本心"告诉你，你并不快乐，你的追求不在游戏上面，你还需要更高级内容的幸福观。

这个时候，就是警钟敲响的时候了！你的本心在呼唤你，你应该给自己一个奋斗目标，你应该有一个理想，你应该醒一醒了！

百度的创始人李彦宏，他的一生可谓是为了理想奋斗的一生。8岁之前，他迷过戏曲，曾经被山西阳泉一家剧院录取，如果他不是半路放弃，今天的搜索引擎就不一定叫百度了。其实，理想并不是一个硬性的目标，它是可以随着时间的转移而发生变化的。我们也应该相信自己，只要你向着一个大的方向去走、去奋斗，那么这个理想的渐次会越来越高级、越来越宏伟的。

李彦宏8岁之前的理想，不外乎是学一门戏曲。8岁之后，他上学了，属于老师眼里调皮捣蛋的一类学生，老师夸他几句，他就好好听课，老师一批评，他就给老师捣乱。那时候，谁也看不出日后的李彦宏会以147亿美元身家跃居福布斯华人富豪榜的老二。李彦宏五年级的时候，给一个女生写过情书，那时候他的理想不过是得到那位女同学的爱慕而已。尽管这事闹得纷纷扬扬，女孩的父母找来老师，李彦宏的父母狠狠批了一顿李彦宏。这个理想就此湮灭在时间的长河里。

上了中学，李彦宏的理想又一次升了一个台阶，他的目标是名牌大学。最终6年的苦读，他如愿以偿。进了北京大学后，他又一次给自己制定了理想，那就是出国深造。彼时在北京大学，他主修的图书情报专业让他觉得枯燥无味，他不想以后在图书馆工作一辈子，于是毅然给自己制定了出国留学的路线，他买了好多托福书猛啃，然后被纽约布法诺大学录取……以后的李彦宏在事业上的每一次跨越，都与当时的理想和目标是分不开的。在他成功的道路上，最初是一个小的目标，追上这个理想后，又一次确立一个比上一个理想大一点的目标……就这样层层递进，一步一个脚印地走出了一条辉煌大道，而在这个不停超越、不停设立目标的过程中，他也得到了幸福和快乐。

理想很丰满，现实很骨感。为了丰满的理想，我们就要不停地减肥，把路途中的小目标、小理想一个个地跨越。这样，当你有一天迈进大的理想的时候，你就成了世界上最幸福的追梦人。

第七节　热爱你的工作，它会让你更值钱

不懂得工作真义的人，视工作为苦役。

——苏格拉底

工作，是我们人生绕不开的话题。在这个激烈竞争的社会中，我们几乎每个人都得遵守这个社会秩序，那就是必须得

工作。

当然，你也可以说，我就不工作，我一样有饭吃、有衣穿，也可以买奢侈品。也有的说，我虽然没钱但是我也不必工作，我不住大房子，我就吃点粗茶淡饭，我也不必买什么衣服，所以，我也不必工作。

凡是说不必工作的，不用像别人那样，早出晚归、朝九晚五的，要么是生在富贵优渥的家庭里，上一代人给他们积攒下不菲的财产，自可以衣食无忧。另有一部分属于闲人雅士的，视金钱如粪土，崇尚自由和淡泊，这类人想必是看惯了春华秋实，早就想逃避人世的纷争，于是，他们也不想工作，他们以隐居、逃避来处理人间的烦恼，这样的人生固然有潇洒，可是，不经一番寒彻骨，怎得梅花扑鼻香！没有亲身经历工作中的酸甜苦辣，没有和这个五味杂陈的人间相融，又怎么会体验人间自有的温馨和暖意！

有人的地方就有江湖，有人的地方就有风波。有的人在工作中和同事有了龃龉，就想逃避这种矛盾，离开原来的环境；有的人觉得工作就是一种苦役，工作时得听老板的话，得受拘束，得按时上下班，不自由，遇到脾气不好的老板，还得受气，他们恨不能马上脱离工作的环境。可是因为生活所迫，不得不继续工作，于是，他们发出叹息：工作就是苦役。

苏格拉底说了，不懂得工作意义的人视工作为苦役。工作，在苏格拉底看来，不仅仅是工作本身，不仅仅是为了薪水，工作应该是社会秩序中的一环。如果一个人不工作，那么就会和这个社会脱轨；工作，也是一种社会身份，一旦脱离了自己的社会身份，不仅仅是没有了经济来源，一个人就像处于没有人烟的荒郊野外，孤独寂寞。当然，这个时候，没有任何人再和你为了职称、为了薪酬而争吵，可是没有社会身份，没有融入集体，这样的人生想必和行尸走肉差不离。

日本京瓷技术陶器公司，在几十年的经营中，企业不断壮大，有记者问其掌门人，为何经济已经很不错了，还如此拼命地工作？老总说："驱使我想要提升公司业绩的原动力只有一个，就是希望员工们在未来的日子里，永远生活安定、永远幸福。为了打好这个基础，就要提升销售额、确保利润。"

"想要扩大销售额，就要增添新员工。如果员工增加了，我就要解决包括员工及其家属的吃饭问题，于是我就愈加不安。因为不安，所以要通过开发新产品来提升销售额，于是人手又不够，就又要招募新员工。可以这么说吧，正是在这没有止境的不安和焦躁之中，公司才不断成长壮大，达到了今天这样的规模。"

"或许你会想，既然不安增加，那么停下来，到此为止不就行了吗？但是，当觉得'到此为止就行了'的那一瞬间，企业就会开始衰落。所以我想，京瓷公司只要继续存在，在这种互相矛盾的、无止境的循环中，为了员工长远的幸福，除了付出无止境的努力之外，我别无选择。"

可以说，这个老总是深谙"工作"的积极意义的一个人。如果为了赚钱，他已经赚得盆满钵满了；如果为了享乐，他已经不在乎再多赚几个钱去游历世界。他工作的目的，就是不忍员工的利益得不到保障。为此，这个老总又发出感慨：不管我们愿意不愿意、喜欢不喜欢，最后我们都会迎来死亡。当死亡来临之际，不管过去做出过多大的业绩，也不管有多高的名誉地位，积聚了多雄厚的财产，都不可能带走。在死亡面前大家一律平等，只能一个人静静地死去。所以，工作的意义不仅仅是工作本身，它还有更多的内容。

苏格拉底已经告诉了我们，工作不是苦役，它能够带给我们幸福感、满足感和自尊。一个不工作的人，他即使含着金钥匙出生，也不一定幸福。

第二章

要爱请深爱，不爱请走开

生在这个纷扰的尘世，爱情、婚姻是一个永久的话题。亲爱的朋友，你已经有了可心的恋人了吗？还是依然在爱情的路口张望，为梦想中的他(她)孤独守望，为只取一瓢饮而静候？抑或你已经步入了婚姻殿堂，在围城里被柴米油盐熏染得灰头土脸，发誓再活一回绝不染指婚姻？如果你正处在心灵忧闷、爱情迷茫、婚姻愁烦的境地，请聆听苏格拉底教诲你的话吧！相信你能在这里面找到解决问题的方法，重新做快乐无忧的你。

第一节　成功，从爱老婆开始

> 如果我能忍受自己的老婆，就能忍受任何人。
>
> ——苏格拉底

哲学家的名头不是白叫的，苏格拉底不仅对人生信念、理想命运有着真知灼见，就是对于婚姻也有着自己独到又精准的见解。

先说他比较消极的一个理论：结婚不结婚，你都会后悔。

乍看这一句，传递出来的理论有点片面，谁能说我们结婚会后悔呢？有的人结婚就和和美美的，苏格拉底，也有点太片面了吧！

可是事实呢？苏格拉底是一个为了真理宁愿赴死的哲学家，他从来不会做冠冕堂皇的表面文章。他坚持真理，只要在他眼里认为是正确的道理，他就会说出来。俗话说，话糙理不糙，苏格拉底之所以说出"结婚不结婚，你都会后悔"，也是有着他个人原因的。

苏格拉底的妻子克桑蒂贝，年纪比苏格拉底小很多，两个人属于标准的老夫少妻，克桑蒂贝貌美如花、性格泼辣，经常借故寻畔，无事生非。苏格为此非常头痛，所以他发出这样的感慨：结婚不结婚，都会后悔。

有人就看不惯克桑蒂贝的强悍，觉得苏格拉底和她结婚，简直太受委屈了，建议苏格拉底和这个女人离婚算了，孰料苏格拉底却说："如果我能忍受我的妻子，我就能忍受任何人。"

有人说，苏格拉底之所以忍受妻子，是锻炼自己的心智，为他以后的哲学思想打基础。也许每一个拥有伟大思想的哲学家都有着坚强的忍耐力，他不仅要忍受清贫的生活，不能循着常人的幸福观过优渥富足的生活，还要忍受家庭的不幸。可是，从另一个层面来说，谁能一定确凿地说，苏格拉底和妻子的关系就一定很差呢？

子非鱼，岂知鱼之乐？很多表面上吵吵闹闹的夫妻，反而能过一辈子；而很多表面上和和气气、齐眉举案的夫妻，却不能白头。

克桑蒂贝比苏格拉底小30岁，又生得貌美如花，而苏格拉底并不是一个居家过日子的男人，他早晨吃了浸了酒的面包，就穿上长袍，披上斗篷，胳膊下夹着一双拴着草绳的木底鞋，去神庙或者街上和人聊天去了。用现在人的眼光来看，他就是一个游手好闲、不务正业的男人。不过，在当时的社会，对于有思想、有辩才的人还是比较倚重的，所以，克桑蒂贝能够爱上苏格拉底，并且不顾年龄的差距嫁给他，也正是看重了苏格拉底有才。

年轻的时候，我们往往会为对方的才能、外表、知识、涵养而武断地选择一个男人，而婚后的生活往往会觉得和当初想象的不一样。想当年，克桑蒂贝就是如此，她和苏格拉底有了孩子，她盼望稳定和美的家庭，期望丈夫陪在自己身边，哄哄孩子，做做饭，享受家庭的温馨。可是，丈夫苏格拉底不是出去天天高谈阔论，就是对自己不理不睬。克桑蒂贝终于忍无可忍，变成了悍妻，常常河东狮吼，发飙吵闹。苏格拉底的心里，估计也想过离婚恢复自由身，可是，离婚后他的日子会好过吗？起码现在回了家，还有一碗热腾腾的饭菜，妻子虽然爱唠叨一点，不搭理她就是了，她唠叨她的，苏格拉底我行我素我的；如果离婚的话，也不一定幸福，回到了家，寒屋冷灶，孤衾寒枕，还不如有个人在耳朵边聒噪，起码有点人间烟火的样子。

智慧的人，总是比别人想得远。一屋不扫，何以扫天下？哲学家要是不能处理好自己的家庭，不能处理好自己的个人问题，即使有那些深邃的思想，又有什么用呢？苏格拉底是一位把哲学思想用在实际生活中的人，他的一生都是自己思想的折现。家有悍妻，他痛并快乐着。

香港明星张智霖处理家庭问题时，也是一个有智慧的人。他和港姐袁咏仪结婚后，不止一次说："坚持爱老婆是一个男人应该做的事情。"结婚15年来，张智霖谈到婚后的生活时，发出感慨："坚持相爱并没有那么容易，摩擦是永远存在的，尤其是以前20多岁的时候，人的脾气比较大，彼此都倔强，会弄得比较僵，现在已经知道吵架也没有什么意义，吵来干什么？不要浪费时间。”“其实，我们除了是夫妻外，还是非常好的朋友，我们很坦然地面对对方，其实做什么都无所谓，都是过日子，过得舒服就行了。”

成功的夫妻关系，不是天天你侬我侬秀恩爱，也不是客客气气，于礼貌中隔着距离。苏格拉底在两千多年前就看清了夫妻关系中必有一个强的，一个弱的；一个争上风的，一个处于下风的。只要真心相爱，忍让对方也是一种幸福。甲之砒霜，我之甘怡。所以，他才说：“如果我能忍受自己的老婆，就能忍受任何人。”

第二节　爱情，下一个永远是最好的

爱情犹如采麦穗，往往会让你空手而归，这就是爱情。

——苏格拉底

有人问苏格拉底：“什么是爱情？”

苏格拉底说：“你到前面的麦田去采一株麦穗来，要采你认为最好的最大的，只许采一次，并且只许往前走，不许回头。”

这人想：这还不容易？于是立刻下到麦田里。

当他回来的时候，苏格拉底问他："为什么两手空空？"

这人说："我下到麦田里，立刻就看到一颗又大又好的麦穗，可是当我要采摘时候，心里想：前面一定还有更好、更大的麦穗。这样，我就一直往前走，每当我看到一颗又大又好的麦穗时，我都想前面一定还有更好、更大的麦穗，直到快要把这块麦田全走完时，我发现只有第一眼看到的那颗麦穗才是最大最好的，我发现越往前走看到的麦穗越不如先前的。可是我又不能回头，如果让我重新采一次，我一定能采到最大最好的麦穗。"

苏格拉底说："这就是爱情！"

爱情，是一个美好的词汇，古今往来，多少诗人为它写下美丽的诗篇："只愿君心似我心，定不负相思意。""此情可待成追忆，只是当时已惘然。""平生不会相思，才会相思，便害相思。""我达达的马蹄是美丽的错误，我不是归人，是个过客"……正因为爱情有所缺失，相爱的不一定在一起，在一起的不一定是最爱的那个，所以，人们对爱情又有着诸多的挑剔。苏格拉底通过让人去地里捡麦穗的经历来启示人们，一味地追求最完美的爱、最心动的爱人、最美的对方，永远不会得到。

在爱情里，分分合合，一次又一次追寻真爱的典范，莫过于天后王菲。最初，她和颇有才华的窦唯结婚，以为遇到了真爱，却遭遇窦唯劈腿，王菲不得不去了香港找寻真爱。彼时，王菲说了这么一句：既然男人都花心，何不找个帅的。抱着找帅哥的心思，天后遇到了谢霆锋，两人牵手后又平地起波澜，谢霆锋变心爱上了张柏芝，天后伤心之余，转移内地想找个老实的，于是李亚鹏成为她的首选。两个人婚后没几年，王菲又一次觉得这一个不行，还不如以前的谢霆锋好，而此时，谢霆锋也屡屡露出重新牵手之意。就这样，天后抛弃了李亚鹏，又去找谢霆锋。此时，王菲已经年近50岁，这位爱情之路上屡屡遭遇不顺的天后，不知是否认定了此时的"麦穗"才是最大的那颗。她的情路之所以坎坷，就是在不停的寻找中错过了最好的，而她又总觉得，命运中等待她的应该还会有更好的"麦穗"。于是，在这分分合合中，她迷失了自己。

实际上，在我们的生活中，不知有多少人在这种寻找中迷失！前几天，我遇到一位过去的邻居，她叫黄丽，今年43岁了，却还没有结婚。要说她的外貌，可是一位人见人夸的美女，温婉可人，外貌出众，估计追求者甚多，可就是这样一个美女，竟然得不到婚姻的眷顾。那天，我和她打了一个招呼，聊了会儿无关痛痒的话题，就此散去。我不敢问她，为什么还没结婚。黄丽年轻时候挑选另一半，那些男友如同过江之鲫，都想和黄丽牵手一段婚姻，可是这么多的人，一个也没有入得了黄丽的眼中。有一年，好不容易有一位家世、样貌、才情都一流的男人合乎了她的标准，却在一次散步中，黄丽断然否决了该男，问起原因，黄丽嗫嚅半天才说，对方走路的样子不好看，屁股一扭一扭的，像鸭子。

黄丽的话让我们大吃一惊，因为见过该男的，都没看出"他的屁股一扭一扭的，像鸭子"，后来我们特意留意了一下那男子走路，发觉他就是臀部稍微有点大，至于像不像鸭子，我们倒是没有看出来。

黄丽就这样左挑右捡，终于挑到了40多岁，现在她想捡几个以前遗留下的"麦穗"，可惜对方不是结婚有孩，就是成为事业成功男，看不上年逾四十的黄丽了。当然，黄丽现在也很美，这个标准是和40岁的女人相比，和20岁的女孩比，对方已经管她叫阿姨了，她已经没有了任何竞争优势。

苏格拉底早就说过，爱情犹如采麦穗，往往会让你空手而归，这就是爱情。

第三节　感谢那个抛弃你的人

　　"孩子，你为什么悲伤？""我失恋了。"

　　　　　　　　　　　　　　　　　　——苏格拉底

在古希腊，苏格拉底作为当时最有智慧的人，免费给人排忧解难，他的话总是那么睿智充满哲理，而处于十字路口的年轻人经常亲自找到他，希望这位大师给自己排解心里的矛盾和挣扎。

　　一位面带忧郁的年轻人带着问题来找苏格拉底。他们的这段对话非常精彩，被苏格拉底的徒弟柏拉图记录下来，几千年来成为人们处理感情问题的金钥匙。

　　请我们细细地品味这段话，看看苏格拉底是怎样教导失恋的人摆脱失恋困扰的。

　　苏格拉底："孩子，为什么悲伤？"

　　失恋者："我失恋了。"

　　苏(以下简称苏)："哦，这很正常。如果失恋了没有悲伤，恋爱大概就没有什么味道。可是，年轻人，我怎么发现你对失恋的投入甚至比对恋爱的投入还要倾心呢？"

　　失（以下简称失）："到手的葡萄给丢弄了，这份遗憾，这份失落，您非个中人，怎知其中的酸楚啊！"

　　苏："丢了就是丢了，何不继续向前走去，鲜美的葡萄还有很多。"

　　失："等待，等到海枯石烂，直到她回心转意向我走来。"

　　苏："但这一天也许永远不会到来。你最后会眼睁睁地看着她和另一个人走了去的。"

　　失："那我就用自杀来表示我的诚心。"

　　苏："但如果这样，你不但失去了你的恋人，同时还失去了你自己，你会蒙受双倍的损失。"

　　失："踩上她一脚如何？我得不到的别人也别想得到。"

苏："可这只能使你离她更远，而你本来是想与她更接近的。"

失："您说我该怎么办？我可真的很爱她。"

苏："真的很爱？"

失："是的。"

苏："那你当然希望你所爱的人幸福？"

失："那是自然。"

苏："如果她认为离开你是一种幸福呢？"

失："不会的！她曾经跟我说，只有跟我在一起的时候她才感到幸福！"

苏："那是曾经，是过去，可她现在并不这么认为。"

失："这就是说，她一直在骗我？"

苏："不，她一直对你很忠诚。当她爱你的时候，她和你在一起，现在她不爱你，她就离去了，世界上再没有比这更大的忠诚了。如果她不再爱你，却还装得对你很有感情，甚至跟你结婚、生子，那才是真正的欺骗呢！"

失："可我为她所投入的感情不是白白浪费了吗？谁来补偿我？"

苏："不，你的感情从来没有浪费，根本不存在补偿的问题，因为在你付出感情的同时，她也对你付出了感情，在你给她快乐的时候，她也给了你快乐。"

失："可是，她现在不爱我了，我却还苦苦地爱着她，这多不公平啊！"

苏："的确不公平，我是说你对所爱的那个人不公平。本来，爱她是你的权利，但爱不爱你则是她的权利，而你却想在自己行使权利的时候剥夺别人行使权利的自由。这是何等地不公平！"

失："可是您看得明明白白，现在痛苦的是我而不是她，是我在为她痛苦。"

苏："为她而痛苦？她的日子可能过得很好，不如说是你为自己而痛苦吧！明明是为自己，却还打着别人的旗号。年轻人，德行可不能丢哟！"

失："依您的说法，这一切倒成了我的错？"

苏："是的，从一开始你就犯了错。如果你能给她带来幸福，她是不会从你的生活中离开的，要知道，没有人会逃避幸福。"

失："可她连机会都不给我，您说可恶不可恶？"

苏："当然可恶。好在你现在已经摆脱了这个可恶的人，你应该感到高兴，孩子。"

失："高兴？怎么可能呢？不管怎么说，我是被人给抛弃了这总是叫人感到自卑的。"

苏："不，年轻人的身上只能有自豪，不可自卑。要记住，被抛弃的并不是就是不好的。"

失："此话怎讲？"

苏："有一次，我在商店看中一套高贵的衣服，可谓爱不释手，营业员问我要不要。你猜我怎么说，我说质地太差，不要！其实，我口袋里没有钱。年轻人，也许你就是这件被遗弃的西服。"

失："您真会安慰人，可惜您还是不能把我从失恋的痛苦中引出。"

苏："是的，我很遗憾自己没有这个能力。但，可以向你推荐一位有能力的朋友。"

失："谁？"

苏："时间，时间是人最伟大的导师，我见过无数被失恋折磨的死去活来的人，是时间帮助他们抚平了心灵的创伤，并重新为他们选择了梦中情人，最后他们都享受到了本该属于自己的那份人间快乐。"

失："但愿我也有这一天，可我的第一步该从哪里做起呢？"

苏："去感谢那个抛弃你的人，为她祝福。"

失："为什么？"

苏："因为她给了你一份忠诚，给了你一次寻找幸福的新的机会。"

说完，苏格拉底走了。

朋友，看了这段话，你有什么收获吗？你还会为"得不到"而苦恼吗？对方不爱你了，并不是你不好，而是你在错的时间被他（她）所挑剔，比如他（她）需要的是一件棉袄，你却是一件高级衬衫，你们只是缘分没有到而已，并不存在谁比谁更强的问题。好了，朋友，请你一定记住这句话，就算全世界抛弃了你，也不是你的错，这个时候你要静下心来，默默地感受自己内心的力量。你要好好爱自己，当你爱自己的时候，生命中的一切问题都解决了。

下面我们用马云的话以自勉：

不是不在乎，是在乎不起。30岁前最怕失去的不是已经拥有的东西，而是梦想。爱情如果只是一个过程，那么正是这个年龄应当经历的，如果要承担结果，30岁以后，可能会更有能力、更有资格。其实，30岁之前我们要做的事情有很多，稍纵即逝，过久地沉溺在已经干涸的爱河的河床中，与这个年龄的生命节奏不合。

第四节　男人活着靠健忘，女人活着靠牢记

男人活着靠健忘，女人活着靠牢记。

——苏格拉底

前几天在饭桌上，酒至酣处，主人说，既然大家都来了，我们就来个真话大冒险吧！互相说说真心话。

为了照应主人的面子，同时也为了调节一下气氛，大家一个一个说了起来，其内容大部分是一些无关痛痒的"真话"，比如某男说，他想把家里的狗狗用涂料"化妆"成熊猫，一直怕妻子反对，没有实施；某女说，她见网上总有黑女司机，说什么女司机开后备箱竟然把头夹住，她就不信这个邪，结果她一试，还真夹住了脑袋，费了好大劲才拽出来……轮到一对夫妻时，男的照例说了一个无关痛痒的"真话"；轮到女人的时候，她的话让我们瞠目结舌，她说"我想把他婚前搞的女朋友都杀了"。

一场酒宴，就此热闹开始，无言散场。人生的凉薄，男女的纠结，不也如此？

男人活着靠健忘，女人活着靠牢记。苏格拉底早就把这纷纷嚷嚷的人世间看透，正是由于他对妻子克桑蒂贝无理吵闹的一次次"忘记"，他的婚姻才得以善终。当时古希腊的法庭宣判苏格拉底死刑时，克桑蒂贝抱着苏格拉底痛哭流涕，夫妻之间的恩爱就此看出端倪。如果苏格拉底当年斤斤计较于妻子的吵闹，计较妻子在他和朋友会面时处处不给面子，和克桑蒂贝吵一顿，或者像那些暴虐的丈夫狠狠打妻子一顿，他们的夫妻关系也许早就名存实亡，苏格拉底死时克桑蒂贝也就不会痛不欲生了。

女人活着靠牢记，这是女人的本能。男人选择女人，目光瞄准脸蛋；女人选择男人，心思放在钱包。在几千年的历史中，由于社会分工的不同，女人一直扮演着"嫁汉嫁汉，穿衣吃饭"的角色，即使到了现代信息化社会，女人的社会地位得到了提升，可是男人的经济地位依然是女人择偶的一个重要标准。女人盯紧男人的钱包，就是预防男人的钱给别的女人花，她时刻牢记着丈夫与自己结婚前和其他女人的几件风流韵事，这属于女人的本能，牢记就是时刻提防男人出轨，严守自己的婚姻。

男人健忘是为了维护婚姻，这是男人的聪明之处。男人选择健忘是为了自己。如果睚眦必报，斤斤计较，那这个婚姻的瓦解也是分分钟的事情。夫妻之间维护的平衡，就是一个冷的，一个热的；一个豁达的，一个心思缜密的；一个纠结过去的，就有一个展望未来的。男女的不同，千百年来，也不过如此。

男人活着靠健忘，这个哲理的理论基础本来是苏格拉底根据其多年的观察和人生阅历而发。最近，这一哲学理论得到了科学的论证。美国梅奥诊所的研究人员在针对一群年龄在30~95岁之间的参与者进行的调查显示：男人的年龄越大，他们的记忆力下降得就越快，这种效应在40岁过后更为明显；相比之下，女性在衰老过程中的海马体体积相对较大。挪威学者在2013年对4.8万多名男女参与者进行的调查发现：女性在回忆名字、日期和计划等内容时更有优势。

从本质上说，男人是现实的开拓者，女人是现实的维护者。

男人总想创新新的事物，实现从来没有发生过的事情。男人的本性就是征服，在原始社会，男性只有更加强壮，只有靠着体力或技巧征服，才能得到好的猎物，得到女性的青睐，男性的精力在于时刻注意危害自身安全的大型动物(虎、豹等)，他们不想也不愿记忆一些细碎的事情，猿人的脑容量本来就有限，还要注意森林着不着火，注意恐怖的雷电风雨，所以他们只能记忆最为主要的事物，那些小的事情就由女性记忆。长此以往，男性健忘小的事情，不是他故意健忘，而是他还要让大脑里记忆更重要的事物，这种习惯就成了惯例。延续几万年后，健忘成为其生存的主要特征。

女人的本质就是积蓄，用富足的物资让自己不愁冷暖。因此，女人要牢记已有的现实，以让内心有安全感。

第五节　最热烈的爱情会有最冷漠的结局

最热烈的爱情会有最冷漠的结局。

——苏格拉底

最热烈的爱，会有最冷漠的结局。初听这话，让人心里有一种熟识却又悚然一惊的感受，这就好像是又听到了某些明星分分合合的八卦。却怎么也想不到有这么一句话，竟然被几千年前的哲学家苏格拉底提了出来。怪不得说，哲学家要走在历史的前头。

时光的年轮滚滚驶过几千年，苏格拉底的肉体已经湮灭在历史的尘埃中，可是他那充满哲理的思想，永远在宇宙中发出阵阵回响。思想不会灭亡，精神永远存在，这样的人，即使离开了我们，离开了滚滚红尘，他依然活在人类的心目中。

最热烈的爱，会有最冷漠的结局。理论有点冰冷，可又不得不承认，爱情的保质期如果用一生做标尺，它的确有点短。《廊桥遗梦》中的罗伯特·金凯与弗朗西丝卡只有4天的恋爱，分手后留下了无限的怅惘。爱情以一种永远的分手做了它的结局，最热烈的爱随着时光的流逝渐渐成为冰冷。没有人会守着一份没有承诺的爱，在光阴里永远心怀热辣的守候。望夫崖上等待归人的女子，终究还是双泪流干，化为了永久的化石。

作家三毛曾经说过："很多时候，当下那个我们以为迈不过去的槛儿，经过一段时间之后回过头看其实早就轻松跳过；当下那个我们以为撑不过去的时刻，其实忍着熬着也就自然而然地过去了。所有没能打败你的东西，都将使你变得更加强大。时间也是，它没能打败你，便会给你救赎。"三毛一生经历坎坷，第一个男朋友在结婚前夕忽然发病死在她的怀里；第二个男朋友荷西和三毛终成眷属，却只过了6年的好时光，荷西就出了事故，不幸身亡。经历了这么多的坎坷，三毛终于淡定自若，她才说出"有些感情熬着熬着，就过去了"，她还说："时间是最好的良药，当你觉得力不从心的时候，莫如将一切交付给时间，它会让你把该忘记的都忘记，让你漫不经心地从一个故事走进另一个故事。"

苏格拉底也这样教导我们，不要把感情这事看得那么重，请将一切交给时间，即使当初你认为多么难分难舍的一段情，当初浓情蜜意，最终依然会化为灰烬。

张翰和郑爽在《一起来看流星雨》中扮演情侣，现实中也发展了一段恋情，感情浓烈的时候，郑爽去张翰的剧组探班，为他洗衣服，为了张翰把自己的一些活动推掉，就连电影《全民目击》的女主角邓家佳，因为是和孙红雷对戏，这令多少女演员垂涎的角色，可她为了和张翰在一起而推掉，而是打"飞的"去给张翰送汤。张翰也数次牵着她的手，说郑爽善良、清纯，是自己永远都爱的小仙女。就这样一对金童玉女被众人祝福的时候，却以黯淡收场。郑爽首先提出分手，张翰也另寻他爱。最热烈的爱，有了一个最冷漠的结局，令人唏嘘。

北宋名臣司马光在一次朋友家的宴会上，看到一个舞妓舞步轻盈、美妙非常，平日很少写词的司马光不由得写下了：宝髻松松挽就，铅华淡淡妆成，红烟翠雾罩轻盈，飞絮游丝无定。

这首《西江月》的上阕，描写了舞者的美妙舞姿，她并不浓妆艳抹，只是"宝髻松松挽就，铅华淡淡妆成"，就让人惊异她的美丽，再加上青烟翠雾般的舞姿，像飞絮一样纤丽柔和飘忽不定，这就在司马光的心里有了爱的种子。可名臣必定是名臣，又是当时的大学问家，饱读诗书，看惯世情。回家后司马光想了想，觉得感情这事最拿不得准，最热烈的爱总会以黯淡收场。于是，他又写道：相见争如不见，有情何似无情。笙歌散后酒初醒，深院月斜人静。

司马光终于让自己的感情黯淡冷却下来，他思量许久，与其放纵感情，不如"相见争如不见，有情何似无情"。于是，他主动给这段感情画上了一个句号。按说凭着当时司马光的地位、名望，把这名舞妓召进自己府里，当一名妾不在话下，可是司马光毕竟是看透了感情的一个大学问家，他觉得感情不可定，真的成了自己的妾，最后也不一定有好的结局。于是，他抽刀断水，自己斩断情丝，断了痴念。

像司马光这样能看透的人不多，苏格拉底算一个。有一定涵养的总会知道，爱情这事最难以把握，最热烈的爱情会有最冷漠的结局，不如把一切看淡，回归本心，把握住自己，不被感情所左右。

第六节　这种荒谬的迷恋让你失去理智

爱或至少是这种荒谬的迷恋让你失去理智。其实，你并不认识你爱的这个人。

——苏格拉底

"酒不醉人人自醉，花不迷人人自迷。"爱情，在深入其中的时候，确实有着蛊惑人心的诱惑力。很多人在爱情里沉陷，找不到自己，就比如诗经里的这位男子"窈窕淑女，寤寐求之……求之不得，寤寐思服。悠哉悠哉，辗转反侧"。爱情的魔力，让他辗转反侧，睡不安稳。又有很多人在爱情里因为无望的爱，摆脱不了这种纠结，悲痛欲绝，甚至自残、自杀，以虐待自己来得到彻底的解脱。1985年5月14日，"俏黄蓉"翁美玲面对汤镇业的又一次疏离，终于下了决心，义无反顾地拧开了公寓里的煤气罐，以死求得这一出"三角恋"的解脱。当时的媒体说她"死于太浪漫"……爱情，得到它的人，形容之为天堂，得不到的人形容之为地狱。1823年2月，德国著名思想家、风流倜傥的歌德在74岁高龄又一次陷入"维特之烦恼中"，只不过，这一次他扮演的是"老年版的维特之烦恼"。他爱上了17岁的乌尔莉克，并且向她求婚……

对于爱情，各花入各眼。苏格拉底也不止一次对爱情发表过自己的观点。在柏拉图的对话录里，记载了苏格拉底教诲西波塔勒斯为爱痴情近乎病态的事例。

西波塔勒斯是一位雅典的年轻贵族，他爱上了一个人，整天把自己整得精神兮兮的。本来他平时还是一个彬彬有礼的青年，自从恋爱后，周围的人都觉察出了他的不正常，他经常自己坐着发呆，有时候看着天空脸上会出现遐想的表情。有人偶尔提起他爱的人，他听到了会脸红羞赧，他就这样整天胡思乱想地折磨自己。

有一次，苏格拉底与西波塔勒斯遇到了，看到西波塔勒斯病态怏怏，就问起缘由。西波塔勒斯嗫嚅其词，苏格拉底继续盘问的时候，西波塔勒斯忽然疯疯癫癫地说了一堆不知所云的话，然后就唱起歌来，歌的内容是赞美心上人的美，旁人听到了，就对苏格拉底说："他有病，他满嘴的胡言乱语，他疯了。"

苏格拉底明白了西波塔勒斯原来是为了爱情发狂后，就对他说："你就像一个猎人，在还没有开始打猎之前，就唱着胜利之歌。"苏格拉底还补充说道："你这样神经恍惚，太不明智了。如果那人碰巧无意中听到了，肯定会被你吓跑！"

就在这时，西波塔勒斯爱的人恰好路过，苏格拉底让西波塔勒斯主动去和对方攀谈，西波塔勒斯面对偶像，却吓得躲在一个柱子后面，不敢让人知道他也在这里。对于西波塔勒斯来说，这种痴迷的爱恋占据了他的心，以至于无法正常和偶像交谈。

苏格拉底对西波塔勒斯说："是爱或至少是这种荒谬的迷恋让你失去理智。实际上，你并不认识你爱的人，你迷恋的并不是真实的东西。而是一个奇美拉(希腊神话中的怪物，意为虚构的混合之物)，是你自己在爱的人身上投射了天使般的理想形象。"

苏格拉底的这段话，就是放在今天，也是放之四海而皆准的。青春岁月打马而过，坐在时光的转轮里，品味曾经的年少痴狂，我们不禁莞尔，那个被自己描绘成白雪公主抑或白马王子的人，其实也不过是一个普通人，为何当初竟然把对方看得无比的神秘？只有当时过境迁，一场风花雪月过去之后，才会蓦然醒转：原来，我们迷恋的并不是真实的东西，而是我们自己在爱的人身上投射了天使般的理想形象。

苏格拉底为了让西波塔勒斯摆脱这种疯狂迷乱的状态，提出了三个步骤使其解脱：

第一，跨出勇敢的第一步，去了解他(她)，与之交谈，这个过程称之为"让你幻想的泡沫破裂"，将你带回现实的生活中，并让你了解其缺点。

第二，了解自己。是"爱"让你失去了理智，你并不了解你自己的真实状态。你要立即清醒下来，你要意识到自己被爱迷惑了，你要时刻听取自己内心的声音，了解真实的自己。

第三，摆脱这种疯狂状态。当然，这也是最难的一件事，你必须让自己放松，然后把兴趣进行转移，看一些能够解惑的书，听一听有智慧的人的话，相信随着时间的推移，你就会摆脱这种状况。

疯狂迷乱的西波塔勒斯以后果然按照苏格拉底的话去做了，不久，他便摆脱了这种困扰，又成为彬彬有礼的年轻人。苏格拉底提出的这三点意见，就是放在今天，也是很有价值的。如果有一天爱情挡住了你的视线，乱花渐欲迷双眼，失去了正确判断的能力，你不妨用这三点意见去试一试。

第七节　坏老婆使男人成为哲学家

> 娶一位好老婆的男人会幸福；娶一位坏老婆的男人会变成哲学家。
>
> ——苏格拉底

谁都知道，苏格拉底有一个泼辣刁蛮的老婆，这个老婆让苏格拉底很是头疼，即使苏格拉底后来随着名声迭起，在500人的会议中当过执政官，也就是当了"公务员"，这种国家干部给家庭带来了荣誉和地位，他的老婆依然没有改变絮絮叨叨、吵吵闹闹的脾气。面对无礼搅三分的妻子，苏格拉底不由得说出一句让天下所有男人力挺的至理名言：娶一位好老婆的男人会幸福；娶一位坏老婆的男人会变成哲学家。

没想到，深沉稳重的苏格拉底也有幽默的时候。这一次，直接就把自己也给搞幽默了。作为世界级的哲学家，苏格拉底可谓对婚姻生活参透了，他这句话的寓意很容易就看出，他说自己的老婆不好，是个让自己经常烦恼的人物，可是，你又不能离开她，整天在家里看着这个女人晃来晃去的，她还时不时制造点动静出来，两手叉腰，看见苏格拉底又在摆弄他那些破书，老婆就破口大骂，说你怎么不经营点别的事干给我们增加家庭收入呀，也让我们过一过富裕的日子，你看隔壁的谁谁又买了一副黄金的手镯。苏格拉底不想和老婆吵，可是这个老婆经常挑事。守着这样的老婆，不自杀就得成哲学家，于是，苏格拉底果真成为了哲学家。

也许，这就是苏格拉底成为哲学家的由来。日常生活忧烦，孩子也老大不小了，不能为了妻子絮叨就离婚，忍受吧，又实在忍不了了，成了哲学家，用哲学的思想武装头脑，老婆再吵的时候，读读哲学书，看看富有哲理的话，心情就平息一些。这一招还真管用，经过数年的"修炼"，古希腊最伟大的哲学家就这样诞生了。

压力就是动力，正是老婆的唠叨牢骚成就了哲学家的思想和阅历更为丰厚深远。苏格拉底教育他人的时候，才会有那么多睿智的话语，让人心服口服。无独有偶，在这个地球上，不仅仅只有苏格拉底的老婆爱吵闹，总有一些最后把丈夫"逼上梁山"的女人，自己吵了个痛快，结果却把丈夫吵跑了。

今年过年同学聚会，觥筹交错间，听说"二胖"赵林出家当了和尚，心里有些不是滋味。赵林圆头圆脑的，有点微胖，所以就有了个外号叫二胖。二胖平时总是笑嘻嘻的模样，谁有了困难一叫他，他二话不说就来帮忙，是一个热心肠。大二期间，二胖爱上了同班的女生雪小丹，雪小丹是一个化妆美人。所谓化妆美人，就是说化妆的时候很好看，不化妆的时候就"呵呵"了。

不管怎么样，雪小丹在二胖眼里就是一朵花，追了3个月，两人终于牵手。大学毕业后，这对鸳鸯也结了婚，这个故事的结局如果到了这里，应该是一个完美的结局，就像白雪公主和白马王子故事的结尾"从此后，他们过上了幸福的生活"一样。殊不知，白马王子和白雪公主婚后的日子，才是生活真正的开始。浪漫的情侣转变成油盐酱醋茶的日常夫妻，居家的琐碎会渐渐消磨爱情的浓度而转化成一种亲情。人的性格千差万别，在相处中难免磕磕碰碰。雪小丹性格比较强势，对外处事有便宜就占，没便宜绝对是袖手旁观。而二胖平时助人为善惯了，谁家有了困难绝对是随叫随到，渐渐地，争执就来了。雪小丹嫌弃二胖太积极，自己家一堆事，还去帮助别人，而且一分钱报酬也没有，最初只是偶尔拌嘴，直到二胖的妈住进来，矛盾升级，雪小丹和婆婆一句不和就吵，二胖的妈在农村当过妇女干部，也不示弱，俩人锅碗碰瓢盆，整天叮叮当当。在充当"双面胶"的过程中，二胖终于对婚姻厌烦了。有一天，雪小丹忽然发现二胖失踪了，辗转打听，才知道二胖因为家里太吵而离家出走，在杭州一家寺庙当了和尚。

我们都没想到，爱笑、爱帮助人的二胖会出家，他是那么阳光、开朗的人，没想到婚姻竟然把一个大好人折磨得消极避世了。婚姻这事真是让人说不清，男人娶一个坏老婆，要么当哲学家，要么当和尚。不论是当和尚还是当哲学家，都够男人受的。

如果你不想让你的爱人远离你，就管好自己的小性子，好好过婚姻生活。百年修得同船渡，千年修得共枕眠。来世间一遭不易，且行且珍惜。

第三章

可以不忘记，但一定要放下

行色匆匆于茫茫人海，不知你心里有没有住着一个小人，当你倍感凄冷、孤独无助的时候，他在你心之角落一个一个拾起掉落的铜钱，来打发漫长的孤寂。我知道，这些掉落的铜钱就是你被经久岁月掩埋的苦恼。亲爱的朋友，每个人都是烦恼的，不止你自己。可以不忘记，但一定要放下，放下所有的心魔，放下让你烦恼的事物。不放下，是你虐待自己，生命本来多艰；放下了，幸福自来。

第一节 不要靠馈赠去获得朋友

不要靠馈赠去获得朋友。你须贡献你诚挚的爱，学
会怎样用正当的方法来赢得一个人的心。

——苏格拉底

现代社会是个处处讲快餐、速食的时代。不知从什么时候起，我们和朋友交流，不再热衷于用笔写信，而只是发一条微信祝福就以为解决了友谊处置的问题？不知从什么时候起，我们看重朋友的社会地位胜于对方和自己心灵的沟通？不知从什么时候起，我们变了，有时候带着功利的目光去选择朋友，而又有一些时候，我们又会用馈赠、送礼的方式去结交朋友。有时候我们也会迷惑，在和一些所谓的朋友喝酒碰杯时，我们会问，他们是我们的朋友吗？为什么一回到了家，我就会觉得空虚、无聊？为什么朋友越多越寂寞？手机联络人里，有几百个朋友，可是一旦我落难、陷在人生低谷的时候，我能呼谁帮我解决难题？

这些所有的问题，都是怎么结交朋友、结交什么朋友的问题。对此，苏格拉底说：不要靠馈赠去获得朋友。你须贡献你诚挚的爱，学会怎样用正当的方法来赢得一个人的心。

不要靠馈赠获得朋友，就是说我们不要以利益结交朋友。一旦有人用得上就赶紧结交，为了让对方帮自己办事，就给对方送礼送钱。这样的行为虽然能够得到对方的好感，建立起友谊的桥梁，可是禁不住时间的考验，一旦对方处于没有用的地位，这种友谊也就渐渐消蚀。最佳的朋友应该是两颗心的交流，用心去结交朋友，而不是靠利益去结交朋友。

前一阵我的一个远方表哥秦凯来我家串门，说起公司的事情，他第一次表露出忧烦和苦闷的情绪。这种表情在表哥20年的打拼中从来没有遇到过。问起缘由，表哥叹了口气，他说：有个哥们，你知道的，就是和你闺蜜结婚的那个陆杰豪，当年一起读大学，我们上下铺的关系，近几年哥们混得不怎么样，我就叫他来我公司打工，让他做财务会计。谁知这哥们不服从公司规章制度，还给别的职工摆臭脸，凭着和我关系不错，耀武扬威的，真气人！

对于这个陆杰豪，我还真认识。当年和我的闺蜜左迪结了婚，婚后就去了东北做生意，听说这几年赔了钱，没想到会到我表哥的公司去打工。

过了几天，在街上遇到闺蜜左迪，我没有提表哥批评陆杰豪的事情，只是问陆杰豪最近在干什么。我想从闺蜜嘴里知道真实的情况，毕竟听表哥的一面之辞也有点片面。

左迪唉声连连：我家陆杰豪本来很优秀的，人聪明，头脑灵活，哪个老板都愿意用的。我们从东北回来后，虽然赔了钱，可是东山再起也不是不可能的。可是你表哥一定要同情我们，给他事做，我们杰豪就去了你表哥的公司。结果，去了之后发现，公司小还罢了，还处处受气！杰豪和你表哥以前是哥们，他觉得现在成了雇佣关系，心里就有点不舒服、有点不平衡，回家后经常对我发脾气，有抑郁倾向了。唉，我看都是被哥们义气害的！

听了左迪的话，我心里五味陈杂。表哥本来想用"馈赠"的方式维护哥们之间的友情，可是对方觉得不平衡，有一种低人一等的委屈，长此以往，不出矛盾才怪。

当你想结交新的朋友的时候，记住苏格拉底的话，不要靠馈赠去获得朋友。俗话说，斗米养恩，担米养仇。如果用经济学的概念解释，这种情况即为：感恩的边际效应。这就好像有人快饿死了，你给了他一个馒头，他感激涕零，你给了第二个，他饱了，开始怨恨你怎么不给点肉菜；一个人读不起书，你义务捐钱给对方，他很感激你，后来你手头紧，没有给对方再寄去钱，他就要怨恨你了；一个远方的穷亲戚来你的城市打工，你把你的旧房子免费给他住，没有让对方交任何租金，有一天你因为手头紧要卖了这套旧房，不得不让这个亲戚搬家，他会说你眼睛里就认钱，连亲戚也不认，心太黑了、太缺德了……

人性的劣根性，在苏格拉底看来很难治愈，所以，在面对朋友的时候，他才说出：不要靠馈赠去获得朋友。

如果你真想帮他，就给他以鼓励、安慰，在他陷入低谷的时候，拉他一把，并不是需要你用物质去实现。有时候，两个人聊聊天，给对方鼓鼓劲儿，更能使友谊长存。授人以鱼，不如授人以渔。与其馈赠，不如教给对方方法，这样既能保护对方的自尊，又能真正地帮助到对方。

第二节　不要生气要争气，不要拖延要积极

凡是原本可以做得更好的，也算是懒！

——苏格拉底

生命是一场艰难的航行，我们每一个人，都是走在中途的路人。上天给予我们的路径都是一个标准：从生走到死，从有走向无，从活走向灭。我们大部分人，在这个过程中，循着上天的安排，循规蹈矩，亦步亦趋，既不想走得太慢，也不想走得太快，就这样随大流地走着，直至走到生命的尽头。可是，在这个路途中，偏偏会有一部分人，会走得比别人辉煌，当然，他们有一天也会走向终点，那就是死亡。但他们在路途中创造的价值已经让我们这些平凡的人目瞪口呆，他们创造的非凡业绩已经远远超过庸庸碌碌的平俗之辈，他们走到尽头的时候，回望来路，会无比

欣慰，那种豪迈是别人很难体会的。

我们往往会称呼这种人为"成功人士"。实际上，苏格拉底早就告诉过我们，对于我们平常的人来说：凡是原本可以做得更好的，也算是懒！

苏格拉底看待成功人士和平凡碌碌之辈时，他并没有强调这是智商的问题，而是直接点中要害：你就是懒，没别的原因。

细细深究这句话，真是说到了人类之所以失败的病根上。很多优秀的人成功的原因，不是智力超常，也并非有雄厚的资源，他们唯一的秘诀就是比别人更勤奋。爱迪生那句老生常谈"天才是百分之一的灵感加上百分之九十九的汗水"并不是空穴来风，他说出了几乎所有成功者的秘诀，正因为这些成功者能够忍受普通人难以忍受的孤独，他们在别人享乐的时候，还在埋头攻读；在别人睡觉的时候，他们在努力。摘得桂冠的时候，他们终于可以笑傲来时的路。

凡是原本可以做得更好的，也算是懒。就是说，这件事情本来可以做得更加完美，有的人就满足现状，不思进取，终于成了一个平凡的人。所以，苏格拉底说，这部分人太懒，本来你可以考上重点高中，你偏偏不努力，上一个中等学校就满足了；本来你大学毕业后，可以继续考研、考博士，你却认为不如早点走上社会，畅享青春；本来你所工作的单位效益不好，你想找个福利待遇更好的单位，可是，如果你努力学习，下班后就不能去和朋友喝酒，不能去KTV唱歌，不能玩游戏聊天刷微信……所有的这一些，你不能悠哉悠哉地玩了，归根结底，你就是太懒，你只是看起来很勤奋，虽然嘴上说得很勤奋，但是你就是不努力！少壮不努力，老大徒伤悲，说的就是你！

世界上最可怕的是，比你聪明的，比你还勤奋！比你有钱的，比你还努力认真！你说可怕不可怕？和富二代拼你说你没资源，可是很多的富二代的长辈也是从一穷二白、毫不起眼经过努力成为大亨的。以大多数人努力的程度，根本还没到拼智商的地步。实际上，大多数人的智力水平是差不多的，只看你努力不努力而已。决定你日后从事什么工作、有何建树的，是你如今的勤奋程度。不要你还没有真的努力过，就输给了懒惰。

苏格拉底洞悉了人类这一懒惰的病因，实际上，在西方心理学派，已经把懒惰看成一种病，即拖延症。为了治愈当下年轻人普遍存在的拖延症，苏格拉底特指出以下方法：

第一，要认识自己的拖延症，只不过是难以忍受做这件事的痛苦而已，那么剩下的事情就是选择忍受还是不忍受了。

第二，既然是选择了忍受，就选择一种技巧，让这种忍受的痛苦减轻。例如每完成一个小目标就为自己庆贺一下。不管哪种方法，都不会彻底消灭痛苦，只看你有多大的决心去承担它们背后的痛苦而已。

第三，远离诱惑源。拖延的原因很多是被其他事情分散了精力，这个时候，就要切断诱惑源，比如你是因为爱玩手机游戏耽误了正事，就把游戏卸载。

第四，开始做事。尽量不要去考虑那个远大的目标，而是从手头最小的事情做起。

做到了苏格拉底建议的上面四条，你已经摆脱了拖延症。

第三节　越舒适的环境，越让人沉陷

这个世界上有两种人，一种是快乐的猪，一种是痛苦的人。做痛苦的人，不做快乐的猪。

——苏格拉底

曾有个青年对前途很是迷茫，他看见苏格拉底整天在街上宣经布道，就问苏格拉底，怎样过一生才是有意义的一生？

苏格拉底回答说："世界上有两种人，一种是快乐的猪，一种是痛苦的人，宁做痛苦的人，不做快乐的猪。"

年轻人回家后，仔细回味苏格拉底的话，终于明白了自己的问题所在。他一直活得浑浑噩噩，以到处游玩来寻找快乐。实际上，他在游玩中也得到了廉价的快乐，可是那种快乐转瞬即逝。与其这样，不如痛苦地做出一点事业来，于是学会了雕刻艺术，并且雕刻了很多有名的艺术品，现在希腊遗留下来的城堡里依然还有他雕刻的石像。

做一个痛苦的人，就是说人这一辈子不能活得太糊涂，要清醒一些，知道这辈子要做什么，不能做什么，你的事业在什么地方，你曾经的梦想在哪里，并且不要被人为的设置屏蔽住自己的思维，要敢于越过那些屏障，最终成为一个独立的人。

著名作家王小波有一篇很有名的杂文为《一直特立独行的猪》，里面就写了一只敢于突破局限、与众不同的猪。在这篇杂文里，王小波写道："它吃饱了以后，它就跳上房顶去晒太阳，或者模仿各种声音。它会学汽车响、拖拉机响，学得都很像；有时整天不见踪影。""总而言之，所有喂过猪的知青都喜欢它，喜欢它特立独行的派头儿，还说它活得潇洒。但老乡们就不这么浪漫，他们说，这猪不正经。领导则痛恨它。"

因为这只猪特立独行，与其他猪不一样，不听从当时的环境给它设置的生活，总是想跳出设置，自己选择自己的命运。所以这头猪得不到喜欢，甚至被人围杀。在这里，这头特立独行的猪，何尝不是代表作者自己？当年下放到农村插队，王小波也想独立，想自由，不想整天在农村里养猪，可是他又能怎样呢？所以，他怀念这只特立独行的猪，他觉得在精神上，他是支持这只猪的，他也想越过这些人为的设置，做一个独立自主的人。

回到苏格拉底这段话里，做痛苦的人，不做快乐的猪，实际上说的就是宁愿有独立的思想、独立的见识、独立自主的思考，在痛苦的人生里淬炼，成就一番事业。而不能在浑浑噩噩的环境里，自暴自弃，或者吃饱了混天黑，就跟一只快乐的猪没什么两样。

战国时期的思想家孟子曰："舜发于畎亩之中，傅说举于版筑之间，胶鬲举于鱼盐之中，管夷吾举于士，孙叔敖举于海，百里奚举于市。故天将降大任于斯人也，必先苦其心志，劳其筋骨，饿其体肤，空乏其身，行拂乱其所为，所以动心忍性，曾益其所不能。"是的，如果我们时刻保持痛苦、清醒的头脑，这样就会增加我们的见识，成为有出息的人。所以，苏格拉底说，宁做痛苦的人，不做快乐的猪。

第四节　破解"情人眼里出西施"的美学问题

> 至少是从我和你的讨论中，希庇阿斯，我得到了一
> 个益处，那就是更清楚地了解了一句话：美是难的。
>
> ——苏格拉底

苏格拉底本人长得并不漂亮，据说有一个扁平的鼻子，一张肥厚的嘴唇，一双凸出的眼睛。可是，他却是第一个为美学提出

自己观点的哲学家。

有一天，苏格拉底和当时赫赫有名的诡辩家希庇阿斯在街上遇见了，希庇阿斯早就看不惯苏格拉底。当时的辩学家社会地位很高，以雄辩闻名的人可以结交上流大臣以及皇戚贵族，并且在解答人们问题时收取费用。唯有苏格拉底不收钱，免费在街头替人排忧解疑。彼时遇见，看到苏格拉底正在回答一位年轻人关于"美是什么"的提问。

为了表现自己，希庇阿斯首先抢答说："美就是一位漂亮的姑娘。"

苏格拉底说："一匹美丽的母马也是美的，一把精致的木梳也是美的，可是最美的猴子与起人相比还是丑的，所以美是相对的。"

希庇阿斯不甘示弱，又说："使得每件东西焕发出美的本质的，是恰当，是合乎自然之律，比如其貌不扬的人穿一件合适的衣服就变得美丽了。"

苏格拉底说："衣服掩盖了事物的本质，这样的美不是真美。"

希庇阿斯又说："美就是视觉和听觉产生的快感。"

苏格拉底说："如果美只是感觉的愉悦性，那么抛开视觉、听觉，其他的如饮食、情欲之类的也能产生快感，但并不能称其为美，有时候甚至是丑的。"

希庇阿斯理屈词穷，苏格拉底却安慰他说："希庇阿斯，至少是从我和你的讨论中，我得到了一个益处，那就是更清楚地了解了一句话：'美是难的。'"

是啊，这个世界上，究竟什么是真正的美？美的本质是什么？丑能不能转化为美？这些问题，几千年来让历代的哲学家们百思不得其解。清朝进士翟灏在《能人编·妇女》里曾说："情人眼里出西施，鄙语也。"鄙语，是俗语的意思。说平常姿色的女子在心上人的眼里，就跟西施一样漂亮。

可见，美对于我们一般人而言，还真是一个难题。尤其是当你深深地爱着某个人的时候，他（她）的一颦一笑、一举一动都让你觉得如同玉树临风、天女下凡。即使他（她）在平常人的眼里只是一个平平常常的人，可是在爱慕者的眼里，他（她）也是独一无二的，是美的化身。一旦不再爱了，对方又恢复成"普通人"，此时的你会觉得奇怪，当年我为什么把他（她）看得那么美，为他（她）神魂颠倒？

实际上，这个爱的人样貌并没有变，变了的是人的心态。所以苏格拉底才说，美这件事情是一件比较难的事情，眼里看到的"美"并不是这个人的本质，而是客观事物在主体里的主观意象，是意识在人脑中的反应。当主观的情感因素占主体时，主观的意向变为主导作用；当不爱了，主观意向不再左右主观意象，于是人物回到本质，该什么样还是什么样。

美学是哲学的一个重要分支，苏格拉底是最初的逻辑学大师，他一次次反驳诡辩学派希庇阿斯的美学观点：美不是恰当（漂亮衣服的装饰不是美），美也不是视觉和听觉的感官快感，美是难的。在弟子柏拉图所著的《文艺对话集》中，苏格拉底认为，美是有用的，美是有益的，美是善的。可是，苏格拉底依然很难给美下一个准确的定义，但可以肯定的是，美与和谐、实用主义、感官主义和道德伦理还是有着千丝万缕的联系。所以，美这件事情看起来简单，实际上却很复杂，难以言喻。

在生物的发展史上，没有比人类更热衷于美学的了。原始人类就懂得用贝壳穿成项链，戴在脖颈上显示自己的美。美学在冥冥中引导着人类的文明发展和社会进程。随着人类的进步，美学被赋予了更多的内涵。

我国的思想家老子在感受自然万物时得到了美学的初步概念——"名可名，非恒名"。为了破解人类难题，使得人类的烦恼得以解脱，老子即承认人是"有身"之物，又断言人是"无身"之物，因此人可以借助于"无身"的美学思想来使得自己得以解脱。老子后又提出"大象无形""复归于婴儿"，这都是对"名可名，非恒名"的注解。老子的美学是消极遁世的。

无独有偶，我们的邻邦日本也是一个对美学极为推崇的国家，日本说自己的文化是凄美的，就好像樱花一样绚烂多姿，可其生命也是短暂的。所以，日本人推崇"死亡"美学。战败后，日本将领的剖腹自杀就是其武士道美学精神的代表。落叶、流莺、死亡是日本文化的最爱，作家太宰治深受日本唯美主义的熏陶，几次同女人投水殉情未遂，最后在39岁那年和崇拜自己的女读者一起跳进了玉川上水双双身亡。歌颂"自杀美学"的近松门左卫门在20年写了15部有关自杀的书。由于自杀蔚然成风，当时的政权还颁布了"自杀活动禁止令"，简直世所罕见。

我高中的校友高敏喜欢陶醉在文学书里，在优美的诗句"花谢花飞花满天，红消香断有谁怜……"里流连忘返，她说她不喜欢解深奥复杂的数学题，而数学成绩在高考里占据很高的分数，为此她很消极，觉得自己不会迈进大学的校门。直到有一天，学校里来了一位大学教授，讲述了数学的美，她豁然开朗，开始喜欢上了数学，现在已经留大学任教。她说任何学科只要深入地去学习，就自有它的美。比如数学的概念、规律、方法的统一，构成一种和谐的美。我国著名数学家华罗庚教授也说过："就数学本身而言，是壮丽多彩、千姿百态、引人入胜的……认为数学枯燥乏味的人，只是看到了数学的严谨性，而没有体会出数学的内在美。"

是的，美是无所不在的。我们不论在学习中，还是在工作中，都应该有一双发现美的眼睛。张爱玲在感情的起落美中写出了荡气回肠的《倾城之恋》；林徽因在古代建筑美学中孜孜不倦，和梁思成成就一段佳话；屠呦呦在抗击疟疾的医疗美学中勇夺诺贝尔奖；贝多芬在慷慨激昂的音乐美中奏出了《命运》……美是一种向上的力量，美是正能量，美是一切美好的事物。当然，美也是难的。

第五节　想左右天下的人，须先能左右自己

　　想左右天下的人，须先能左右自己。认识自己，方能认识人生。

——苏格拉底

　　以一个俗陋的故事开头吧。刚刚我在电脑桌前写稿，听到楼下传来了女人之间的吵架声。她们吵得很凶，间或还有小孩的哭喊，我赶紧跑到楼下去看看她们是因为何事如此大动干戈。

　　到了楼下，听清了原委，才知道她们两个人竟然是为了孩子。两家人的孩子一起玩，争吵起来惊动了大人，于是大人就掺合进来，互相抱怨对方的不是……就这样，小孩子不吵了，大人互相争吵了起来。两个女流之辈，平日里也算是温文尔雅、气质馥郁，今天争吵得很没面子，也有失风度。她们争吵的唯一理由，不是为别的，竟然是互相指摘对方"护犊"（护犊的意思，就是爱护自己的孩子甚于不讲理的地步，为了自己的孩子占上

风，不顾别人的孩子受不受委屈）。最终，两个女人在别人的劝解下，散场回家。

这件事情到这里，应该就完结了。可惜事情还没有完，两个女人之后互不理睬不说，还互相说对方坏话。比如女人A在楼道里遇见我，对我说，B女人真是护犊，不讲理。而B女人来我家借根葱的时候，诉说着A女人护犊的种种罪责。

正巧在我书架上，有几本苏格拉底的哲学书，我递给两个女人一人一本，说道：里面有一句话，你们可以看看，想左右天下的人，须先能左右自己。认识自己，方能认识人生。我这话的意思也就是，你们两个其实都很护犊的，但是你们不认识自己的缺点，只看到了对方的缺点，就好像一面镜子，你们互相照着对方的缺陷之处。实际上，你们都有着各种的缺陷。

我并不知道她们是不是看进去了这本书，总之在以后的日子里，两个女人渐渐停止了互相诋毁，甚至有一天还一起拉着手去买菜。

其实，我们在生活中，不能左右自己，不认识自己的人数不胜数。扪心自问，你了解你自己吗？你能左右你自己吗？想一想你经历过的事情，是不是有些时候很难左右自己呢？比如地上有个钱包，你捡起来，为难了好久，最终还是装进了自己的口袋；比如，在一次选举先进个人的会议上，本来你觉得勤劳能干的张××最适合当先进个人，可是张××有一次说话得罪了你，你可不想让她当模范，于是，你昧着良心填了和你关系不错、工作却不积极的李××；还比如，你的男朋友劈腿了，你伤心了，后来你男朋友倦鸟知返，又来和你套近乎，你立马让他滚蛋，可是你的男友真的滚了之后，你后悔了……

你，究竟认不认识你自己？你了解自己吗？你能左右自己吗？

苏格拉底说了，想左右天下的人，须先能左右自己。认识自己，方能认识人生。所以，不论你以后处在何等的境地，你一定要认清自己，知道自己在社会这个大舞台上，扮演的是什么角色，台下的观众对你的印象如何。有的人很自卑，明明长得很美，却觉得自己丑，不敢见人；有的人明明不怎么样，却觉得自己很美很美……认识自己最难也最容易，左右自己最难也最容易。当局者迷，旁观者清，你要时不时听听别人的意见，让别人的话帮你理清头绪，这样，你才能成为一个认识自己、左右自己的人。

在楚汉相争中，刘邦取胜，项羽乌江自刎。实际上，项羽当年的兵力远大于刘邦，之所以失败，就因为刚愎自用、虐杀无辜、丧失民心。刘邦在总结夺取天下的原因时曾说道："运筹帷幄之中，决胜千里之外，我不如张良；镇国家，抚百姓，转运粮饷源源不断，我不如萧何；统兵百万，百战百胜，我不如韩信。这三人都是当今人杰，我都能任用不疑，让他们尽展其才，这就是我能取得天下的根本原因。项羽呢，他只有一个范增，却不能用，所以被我打败了。"从这段话里，可以看出刘邦对自己认识得非常清楚，他知道自己带兵打仗、运输物资、谋略战术等不及自己的部下；但是他懂得用人，知贤任用，成就霸业。而项羽却目中无人，骄傲自满，终于失败。

尽管如此，项羽临死前依然看不清自己，自刎前说道："此天之亡我，非战之罪也。"可见，认识自己，左右自己是多么重要的一件事情。

下面，我们以顾城的一首诗，来更好地认识自己：

阳光在一定高度使人温暖

起起伏伏的钱币

将淹没那些梦幻

桔红色苦闷的砖

没有一朵花能在土地上永远漂浮

没有一只手，一只船

一种泉水的声音

没有一只鸟能躲过白天

正像，没有一个人能避免

自己

第六节　你只需要努力，剩下的交给时光

> 天赋最优良的、精力最旺盛的、最可能有所成就的
> 人，如果经过教育而学会了他们应当怎样做人的话，就
> 能成为最优良、最有用的人。如果没有受过教育而不学
> 无术的话，那他们就会成为最不好、最有害的人。
>
> ——苏格拉底

踏光阴而行，折一季风，挽一溪月，回溯历史的过往，探究未知的自己。我们都希望，以后的自己能成为对社会有用的人才，我们志向高远，对未来的前瞻有着理性的光辉。可是，在这个过程中，会有一些蒙尘让我们的道路受阻，有一些人掸去了尘埃，依旧向前，终于成为大儒大雅之人；有的人就会被路途中的一些蒙尘所阻碍，或碌碌无为，或成大恶。

对这个世间的万象纷纭，苏格拉底也早就有睿智之言：天赋最优良的、精力最旺盛的、最可能有所成就的人，如果经过教育而学会了他们应当怎样做人的话，就能成为最优良、最有用的人。如果没有受过教育而不学无术的话，那他们就会成为对世间最有害的人。

苏格拉底的这句话乍一听好像很粗浅易懂，可是细细品味，它蕴含着很深刻的人生哲理。实际上，我们每个人，只要智商是

正常的，都可以做出一番成就，成立一番大事业，在社会上担当顶梁柱。天赋优良只是相对的，现代心理学已经对人的天赋做出过理论判断，如果你在某一方面成绩优良，并不代表你在其他方面有着禀赋。就如同一个人天生就对数学感兴趣，有的人天生就对文科知识感兴趣一样。我们既然生在这个世间，就具备了苍天赋予我们的智慧和头脑，而后的事情只需要接受正常的教育，循着正规的人生路途走下去即可。即使开始几年不太顺，等岁月沉淀下来了，资源具备了，成功也就是顺理成章的事情了。

苏格拉底强调"教育"的重要性，他认为，一个天赋优良的人只要受了教育，就能成就一番事业；如果没有受教育、不学无术，就会成为对社会有害的人。用今天的眼光来看，苏格拉底最终强调的还是"教育"的重要意义。在今天的社会，九年义务教育已经普及，就连大学都实现了连续的扩招，上大学不再是遥不可及的梦想。在信息化的社会，互联网飞速发展，使得我们的知识越来越丰富，不出千里，即可饱览山河。也许有的朋友会问，我已经把网络上的视频美剧、穿越小说看遍了，我也属于饱览诗书，和别人讲起猎奇的新闻的时候我的知识也蛮丰富的。这个时候，我还需要学习吗？

是的，这个时候，你更需要学习。苏格拉底已经告诫过我们，不受教育、不学无术就会成为最不好、最有害的人。苏格拉底话里的"不学无术"，实际上，已经包括了你所谓的"看视频美剧，网络穿越小说"。在这个社会上，有些东西是拿来消遣的，有些东西是拿来学习的，这一点是我们必须要分清的。如果不是影视工作者、媒体从业人员，看大片只是下班后的一种消遣、一种娱乐的话，这种娱乐和苏格拉斯说的"不学无术"是一样的。不论是什么时候，我们都不能忘了学习。

在苏格拉底出生前的二百年，古希腊有一名很有名望的革新派政治家梭伦也说过这么一句话：活到老，学到老，改造到老。这句话可谓延绵了几千年，直到今天还有拿来说的，实际上这句话最初的源头就是来自这位政治家。我们不论在什么时候，都不能忘记教育的重要性，做到活到老、学到老，才能在这个瞬息万变的世间得到我们需要的一切。

第七节　人有两耳双目一舌，应该多听多看少说

> 人有两耳双目，只有一舌，因此应多听多看少说。
>
> ——苏格拉底

沉默，这也许是一个老生常谈的话题。我们都知道有一句格言是：雄辩是银，沉默是金。这句话的源头是苏格兰的历史学家托马斯·卡莱尔。实际上，苏格拉底在更早的时候便提出了这一

哲学命题。苏格拉底说：人有两耳双目，只有一舌，因此应多听多看少说。

苏格拉底这句话的意思和卡莱尔的"沉默是金"的道理是一样的，关于话多误事的事例我们也听过许多。我们每个人都明白这个道理，可是，扪心自问，你在实际行动中真的做到了吗？

也许昨天你还在朋友家里侃侃而谈；也许今天中午你在酒桌上喝高了，高谈阔论，事后你自己都不知道自己说了些什么；也许就在前几天，你还在单位和同事进行雄辩，为了一个评职称的问题，牢骚满腹，终于祸从口出，有一天领导听到了你的言论，直接把你给开了……

这样的事情还少吗？我们对于"沉默是金"这句话耳熟能详，对于苏格拉底的"人有两耳双目，只有一舌，因此应多听多看少说"这句话也是心知肚明的，可是我们在实践的时候，就全然忘了这回事，忘了管住自己的嘴巴，至于事后会酿成什么后果你根本就没有考虑，而由于话多、出言不逊得罪人的事情，每个人几乎都会犯那么几件。对于苏格拉底的哲学见解，我们怎么能够让它只成为书本上的知识，而不拿来实践呢！

最近，上海一家保险公司在对历届的销售员工培训中，特地注明了一点，就是"多听多看少说。"有些人可能会觉得奇怪，既然是销售保险的公司，应该巧舌如簧、伶牙俐齿才对，为什么还要少说话呢？

在这个公司上班的一个员工，最初就是嘴巴比较会说，可以说是口才卓绝，可是在实地保险推销中，他发现话说多了根本没有用，关键还是多看、多听。他举了一个例子，有一次他到一户人家推销保险，这户人家是标准的三口之家，进门后他开始讲保险的种种好处和优惠，他发现这户人家的儿子很喜欢提问，也乐意和他探讨保险方面的知识，于是他就热心地介绍了自己公司的所有保险，和这户人家的儿子聊得不亦乐乎。最后，当他离开的时候，却没有完成这项推销任务，为什么呢？并不是他说得不好，也不是他说错了话，而是他没有注意观察这户人家谁是当家做主的。原来，这户人家当家理财的是大人，小孩子有兴趣只是因为家里来了个陌生人，觉得好玩而已。这名保险推销员就犯了话多却没说到点子上的问题，如果当时他能够多注意观察这家做主的是谁，就可以给当家做主的进行推销，成功的概率就会大一些。

《论语·为政》里，孔子的弟子子张希望加官进爵，于是问孔子怎么做才能实现这个愿望。子曰："多闻阙疑，慎言其余，则寡尤；多见阙殆，慎行其余，则寡悔。言寡尤，行寡悔，禄在其中矣！"孔子告诉子张，想做一个好干部，要多听、多看、有怀疑不懂的地方则保留，等着请教他人。讲话要谨慎，不要讲过分的话，多说了不免有失。虽然见得多了，但是尚有危疑不安于心的事情，应该掂量掂量，不要妄下决断。随时随地都用得到古人的两句话："事到万难须放胆，宜于两可莫粗心。"这样处世就会少后悔，行为上就不会出现有差错的地方。这样去谋生，随便干哪一行都可以，禄位的道理就在其中了。

可见，少说多听多见，才能够成大事。

第四章

走向远方是为了让生命更辉煌

人生只有走出来的美丽，没有等出来的辉煌，走路的过程就是长大的过程。也有人说，长大的方式有两种，一种是明白了，一种是忘记了明白不了的，心中了无牵挂。所有人都是一边走路一边遗忘，才逐渐长大。所以，我们也不必执着于快乐和财富，我们应该知道，忙碌的时候，快乐就会到来，财富如影随形。

第一节　知足是天然的财富，奢侈是人为的贫穷

　　知足是天然的财富，奢侈是人为的贫穷。

——苏格拉底

　　有一位青年人，总是埋怨自己生不逢时，发不了财，整天都愁眉不展。一天，走过来一个满头白发的老人，老人问道："年轻人，你为什么不高兴？"

　　"我不明白，我为何老是这样的穷？"

　　"穷？我觉得你非常的富有嘛。"老人由衷地说。

　　这个年轻人感觉疑惑。

　　老人问道："如果现在让我折断你的一根手指，给你一万元，你干不干？"

　　"不干！"年轻人回答道。

　　"如果说让你马上死，给你一千万，你干不干？"

　　"不干！"

　　"这不就好了，你身上的钱已超过一千万了呀！"

　　老人说完笑着走开了。

　　以上的段子来自于古希腊的传说，这满头白发的老人就是苏格拉底。这件事情发生后，苏格拉底沉思片刻，对自己的徒弟色

诺芬和柏拉图说："知足是天然的财富，奢侈是人为的贫穷。"这里要题外说一下的是，苏格拉底一生虽然发表的思想和言论有许许多多，可是他也和我们古代的大思想家孔子一样，没有著书立说，他的言论都是通过弟子们记录下来，然后传播于世的。

正像苏格拉底所说的那样，知足是天然的财富，奢侈是人为的贫穷。苏格拉底一生没有买过贵重的服饰，他每天出门就披上自己的袍子和披风，赤着脚游荡在醉汉、鞋匠、小贩、老妇、艺妓之间。他生活简朴，这一点就是到死也没有发生改变。

苏格拉底用自己的生活方式实践了自己的哲学思想，他教导我们要简朴，不要奢侈浪费。华美的服饰代替不了深邃的思想，有了知识，有了内涵，比任何的奢侈品都让人敬仰。

不要奢侈，要简朴，说起来容易，可是，又有几人能做到呢？

大学同学王倩最近有点得意，前一阵还跟我炫耀她的菲利林手提包，这个价值几千元的包包，是她国外的亲戚回国赠给她的。在王倩读大学的时候，虚荣心就很强，现在得了这么一个漂亮奢华的包包，向我显摆一下是迫不及待的。

过了几天，我们几个同学小聚，有人提起王倩，说她自从有了那个菲利林的包包后，简直变了一个人，因为有了这个包包，再出门穿淘宝货就显得不搭了，一定要男友给她买博柏利的羊毛大衣，一件大衣就一万多，有了大衣，又觉得裤子不搭了，又让男友买了一条1000多的范思哲裤子，再然后，又买了8000多的卡塞蒂牛皮靴，围着古驰的围巾，戴着菲拉格慕太阳镜……直到有一天，王倩觉得男友和自己不搭了，直接把男友扫地出门。

我们都不胜唏嘘，要知道，王倩和男友可是在恋爱的旅途上走了8年，是人人羡慕的青梅竹马，中学时候就互生爱慕了，当年王倩爱学习胜过爱奢侈品，不料爱情还是没有战胜奢侈品的诱惑，这一段被看好的恋人竟然没有走到头。

这就是一个包包引发的连锁反应。同学发表了如此的感慨。

其实，我们身边又何止王倩这对恋人因为满足不了奢侈的欲望而分手的伴侣呢！喜欢奢侈品，这是一种虚荣心的满足。从心理学的角度来分析，奢侈品可能永远是个梦，所以它更加激起人们追逐的欲望。因为愈是难得到，就愈是想追梦，就好像追求梦中的女神一样，一旦你得到了，你还会有更高的欲望，这种欲望是连锁的。

知足是天然的财富，奢侈是人为的贫穷。苏格拉底告诉我们，贪心不足蛇吞象，一味地追求生活的奢侈，反而体会不到生活的真正幸福。

第二节　越努力，越幸运

> 快乐就是这样，它往往在你为着一个明确的目的忙
> 得无暇顾及其他的时候突然来访。
>
> ——苏格拉底

我们每一天都在寻找快乐，我们生活压力很大，工作环境也很难融进去，时时想跳槽，恋爱也是一头雾水。我们希望找一个有钱又美的人结为伴侣，可是，这样的人，好像永远也不属于我们……朋友，我知道你经常为这些事而感到苦恼、萎靡不振，再加上网络上遍布着车祸、地震、空难等负面信息，你时时觉得了无生趣，你不知道快乐在哪里。朋友，请看苏格拉底怎么告诫你的吧！

一群年轻人像我们一样，到处寻找快乐，却遇到许多烦恼、忧愁和痛苦。他们向苏格拉底请教，快乐到底在哪里？苏格拉底说："你们还是先帮我造一条船吧！"这帮年轻人暂时把寻找快乐的事儿放到一边，找来造船的工具，用了七七四十九天，锯倒了一棵又高又大的树，挖空树心，造出一条独木船。独木船下水了，他们把苏格拉底请上船，一边合力荡桨，一边齐声唱起歌来。苏格拉底问："孩子们，你们快乐吗？"

他们齐声回答道："快乐极了！"苏格拉底道："快乐就是

这样，它往往在你为着一个明确的目的忙得无暇顾及其他的时候突然来访。"

知道吗？快乐就是这样，当你忙碌的时候，没有时间想快乐是什么的时候，快乐就会忽然来到你身边，在你疲惫的脸上轻轻拂过，把温馨和幸福送给你。一味地寻找快乐，是找不到的，它来无影去无踪。它就像个顽皮的精灵，你找寻它的时候，它故意躲着不出来，不让你看见；你辛苦赶路的时候，它尾随着你，蓦然给你快乐。

苏格拉底是西方哲学派的鼻祖，他的思想言论之所以会流传至今，就是因为他的思想即使放在今天也是具有教育意义的。现实生活中，我们何曾不是如此？为了追寻快乐而找不到快乐，当我们努力的时候，快乐忽然造访。

有人说，快乐是不是一定属于成功的人？当他摘得那美丽的桂冠的时候，快乐随风而至，而对于一直郁郁不得志的人来说，是不是就很难得到快乐？

固然，成功的人能得到快乐，经过岁月的跋涉，他们通过自己的努力，终于取得了事业的成功，站在峰顶的时候，他们是快乐的。可是，对于我们小人物来说，也能够从辛勤的忙碌中得到快乐。

我大学的同学邸梅来自于农村家庭，大学期间过得平平淡淡，本来大学的课程不算很忙，很多人抱着及格就万岁的心理在上学，大概是为了慰劳中学时期的辛苦努力而放纵自己。邸梅在大四那年，看到很多上一届的学姐学哥还在为工作的事情到处游走，她有了隐隐的担心，担心自己以后也找不到合适的工作，于是大四这一年她准备考研。每天凌晨5点起床，晚上11点入睡，中午的时候也掐着点休息，一切作息比高考冲刺还累。她说，一件事情只要你坚持20天就会成为习惯，再也不觉得难受和苦了。

　　就这样，她身边的朋友陆续找工作的时候，她一个人在图书馆和自习室里徘徊，有好几次我看到她独自在寝室里走来走去背英文，其实我很佩服能够考研的人，因为考研和高考不一样的地方在于，考研是你一个人在奋斗，高考是你和一群人在奋斗。你一个人的奋斗，如果没有一定的耐力和定力，是很容易慵懒的，很难坚持下去的。那时候，我一直觉得，邸梅肯定是个不快乐的人。

　　有一天，我问邸梅，既然这么辛苦，何不早点出去工作。邸梅说，她一定要努力一次，如果不考一次，对于她一生都是个遗憾。那时候，我们寝室6个人，晚上上自习回来，有的人和男友视频聊天，有的人看网络电影，有的人吃零食，玩累了大家才就寝。可以说，在我们寝室，李梅是睡眠质量最好的一个，因为她白天用脑过度，晚上需要休息，即使寝室里声音鼎沸，她依然头一挨着枕头就睡着，第二天精神抖擞地继续学习。我问邸梅是不是觉得很苦，她反而一昂头，半开玩笑地说：苦尽甘来嘛！

　　说真的，那时候我从来没有在邸梅的脸上看到过萎靡不振或颓废，相反，我却在寝室的其他女生脸上经常看到这种表情。邸梅没有时间去感受颓废和痛苦，她要时刻保持学习的积极状态，为考研做冲刺。

　　结果很失望，没有像大家想象的那样。邸梅考研失败，因为几分之差，和研究生失之交臂。邸梅不得不像大多数人一样去找工作。她去了上海，面试了几个公司，终于在一个公司落下脚来。最初的工作很累，为了尽快跟上公司的节奏，她又一次拿出考研的精神去适应公司的节奏，3个月后终于试用期通过，入职得到了审批。在魔都落下脚来，每天的脚步都是匆匆的。由于她来自于农村，家庭条件并不好，每月发了工资，她首先给父母寄去一些，这个时候，她的脸上会流露出少有的温情；周末，她宅在自己的租屋里，给自己做一些可口的饭菜，这个时候，她心里溢满了快乐；由于有过考研的积累，她刚来公司，出色的英文能力就被上司发现，不到半年就给她调了一级职位，工资也涨了一倍。忙碌之中，她也收获了一份属于自己的爱情，有个同样从最底层上升到公司部门经理的男子爱慕上邸梅的努力和清雅，两人有同样的追求，同样的奋进，很快就走到了一起。

　　有人问邸梅一路走来累不累、苦不苦，邸梅又一次半开玩笑地说：苦尽甘来嘛！

　　这是我大学同学邸梅的故事，是一个小人物的奋斗史，快乐在她为着一个明确的目的忙得无暇顾及其他的时候突然来访。作为普通人的我们，还在为找寻快乐而迷茫吗？请忙碌起来吧，你若忙碌，快乐自来！

第三节　牢骚太盛防肠断，　风物长宜放眼量

难道驴子踢你一脚，你也要还它一脚吗？

——苏格拉底

前尘漫漫，往事如烟，回顾过去，每个人的生命旅途中，总有那么几件难抑的情怀，有的时候我们会遇到委屈，为了生活的平静和旅途的平安，我们压抑了太多的不敢和不愿。在这个甚嚣尘上的红尘中，既有给我们关心和爱护的知心慧友，也有在我们落难时候踩上一脚的奸邪小人，当然，也有我们相爱后，却不得不分手的红颜蓝颜。正因为世间有了那么多的羁绊，走得如此踉跄，我们才会珍惜每一个善待我们的人，而那些雪中送摇扇的，我们也大可不必记挂于怀。

苏格拉底在这方面就是一个不计恩怨的哲人，他的事迹流传到今天的无以计数。让我们携一片绿叶，窥探2500年前的古希腊的某一天……

有一天，苏格拉底和他的好朋友在大街上一边谈笑风声，一边漫步地走着，谁知冷不防，苏格拉底被从背后窜出来的一个人打了一棍子，他的好朋友眼看那人就要消失在人群中了，刚准备奋起狂追上去，苏格拉底却阻止了好朋友，这位朋友对袭击苏格拉底的那个人感到很愤怒，嘴上不停地发泄着不满，对苏格拉底的反应也很不解，于是开口问道：你有机会追上那个家伙，给他一顿教训，为什么你不那样做呢？

苏格拉底耸了耸肩，平静地说道："我的好朋友，难道驴子踢你一脚，你也要还它一脚吗？"

那个好朋友似乎顿悟，两人继续漫步在大街上。

从这个故事里，我们可以看出，苏格拉底对于无故攻击他的人处于一种不在乎的态度，朋友让他去报复对方，苏格拉底只是耸了耸肩，他把别人的伤害，说成是一头驴踢了一脚，如果我去报复，那不是把自己也看成驴了吗？

苏格拉底就用这种宽阔包容的心怀，去看待伤害自己的人。这种心态，也是这个哲学家教我们面对别人的无故伤害时，要采用什么心态去面对。如果一个没有教养的人伤害了我们、辱骂了我们，我们应该怎样对待这类人呢？如果我们气势汹汹地去辱骂对方，像他（她）对待我们一样，那么只能显示我们也和他（她）一样没有修养、没有教养。不仅仅不能平息我们的怒火，还会被旁观者看笑话。有教养的人，是不应该和没有教养的人一般见识的，有文化的人，也不应该和山村蛮妇一般计较。对待愚昧不化又处处骄横的人物，和他们计较，就是我们自己的水准不够，修养没有历练到家。对待这类人，我们就应该敬而远之，如果敬而远之依然被这种人沾惹上，或者被他们无故冤枉了一回，那就随他们去吧，纠缠下去，于自己又有什么益处呢？

安东尼奥·波尔基亚曾经说过："心胸豁达，足能涵万物；心胸狭隘，无能容一沙。"把一些事情看得开一些、淡一些，退一步海阔天空，忍一时风平浪静。要记住，在你退让的时候，千万不要做出一副委屈的神情，只有你的心里放下了，你的脸上的表情自然就会微笑，面对无礼辱骂时，你的无视和反嘲就已经让你占了上风。相反，如果你同样愤怒于色，脸红脖子粗，即使你没有报复对方，可是你已经首先把自己给伤害了。

著名作家梁实秋擅长演讲，在师大任教期间，当时的校长刘真常请名人到校演讲。有一次，主讲人因故迟到，在座的师生都等得很不耐烦。于是，刘真便请在座的梁实秋上台给同学们讲几句话。梁实秋本不愿充当这类角色，但校长有令，只好以一副无奈的表情慢吞吞地说："过去演京戏，往往在正戏上演之前，找一个二三流的角色，上台来跳跳加官，以便让后台的主角有充分的时间准备。我现在就是奉命出来跳加官的。"话不寻常，引起全场哄堂大笑，驱散了师生们的不快。

在这里，梁实秋知道这次演讲自己不是主角，在这种场合，低调才是根本。孰料校长却让他去讲几句话，以等待那位主讲人驾到。梁实秋就在学生面前贬低了自己，他认为，与其让别人认为"我就是个二三流角色，不如我自己说出来，让大家乐一乐"。这么一说，还真的让学生们乐了。在自我解嘲的过程中，梁实秋也没有失去什么，反而，学生们觉得这个老师比较随和，没有架子，给人以亲切感。

幽默大师卓别林在生活中也是一位幽默的老师。有一次，一个初出茅庐的作家请卓别林看他写的一个电影脚本。卓别林仔细地阅读了他的剧本后，觉得直接批评的话会打击这位作家的自信心，所以，他换了一种口气说："等你和我一样出名时你才能写这样的东西，而这个时候你必须写得好才行。"卓别林在批评这位新出茅庐的作家时，先把自己贬低了，意思是自己这么写是可以的，因为自己已经出名了，现在你还没出名，你就得写好它。卓别林批评别人，先批评了自己，这样不至于让对方难堪，又间接地达到了批评的目的。只有敢于揭自己短处的人，才是真正有才识的人，才配得上大师的称号。

比海洋广阔的是天空，比天空广阔的是人的心灵。让我们以下面一首诗，来开解自己的心灵吧！

饮茶粤海未能忘，索句渝州叶正黄。

三十一年还旧国，落花时节读华章。

牢骚太盛防肠断，风物长宜放眼量。

莫道昆明池水浅，观鱼胜过富春江。

第四节　吾生也有涯，而知也无涯

知道得越多，才知所知越少。

——苏格拉底

盛世繁华，潮来潮褪，众生在这个挤挤攘攘的尘间相遇，又都会归落于大自然。好在，自然赋予了我们一个求知的大脑，即使我们有一天魂归泥土，所学的知识、遗留下来的只言片语，依然会传达我们的志愿、存遗我们的精神。所谓肉体已去，灵魂未亡。这也是我们在有生的岁月里不停地超越自我、不停地学习未知领域的一个原因所在。

为此，苏格拉底曾说：知道得越多，才知所知越少。也就是说，我们越是求学深造，越是孜孜不倦地学习新的知识，越是感觉自己知识贫乏，越是需要不停地学习，这样才能够成为一个大学问家。也许有的朋友对这句话有点疑惑，怎么越是学得多，越是觉得自己知识贫乏呢？难道不是越学越有知识，越学越有自信吗？

朋友，如果你真正地求学过，你就会知道"学海无涯，学无止境"的道理。这个世界上，没有一门知识是有穷尽的，在人类的发展史上，人类从直立行走到今天的高科技互联网，数百万年求学的过程艰难而又漫长。最初的人类把草绳绑在一起代替数数，在人类有文字之前，在相当长的时间内，有过一个结绳时期，所谓"上古结绳而治，后世圣人易之以书契"。庄子也指出，上古时代许多氏族如容成氏、大庭氏、伏羲氏、神农氏等"当是时也，民结绳而用之。"

在那个鸿蒙初开的时期，刚刚脱离了洞穴生活的人类，能够开动脑筋，把一些草编成草绳，帮助人们计算数目和记忆数目，这就是一个很大的进步。在这个过程中，人类的脑容量随着要记忆的草绳数目而进一步加大，人类的头脑皮层开始有了更多的褶皱。知识对于当时的人类来说，就是记忆更多的数字，每一次记忆的飞跃都经历了成千上百年的积累。也许我们现在看来，那点知识的皮毛，太可怜，也太简单了。可是，对于一个没有智力的原始人来说，能够做到这一点，就是一个伟大的进步。在草绳记数的原始社会时期，人们随着草绳的用途又进行了深入的"学习"和"研究"，最后他们逐渐感觉，还可以用这个草绳帮着记录一些别的，于是就试着用草绳记录一些大事和一些重要信息，甚至文字的出现也是靠着这个绳子的功劳而出现，很多的文字雏形都是最初由绳子打结出来的形状。结绳识数后又经历了几千年甚至几万年的不停"学习""揣摩"，原始人类又发展成用鹅卵石计数、刻木识数等。经过几万年学习和发展，到了19世纪，俄国出现了第一台手摇计算机，最初的手摇计算机的字母古希腊意义就是"鹅卵石"的意思，直到20世纪50年代，出现了以"电力"代替"手摇"计算机的电动计算机，接着就是电子计算机登场，人类正式进入信息时代。

如果最初的原始人不从最初的"绳子记数"开始学习，或者觉得用绳子记忆数字就满足了，不必考虑其他用途，也不进行深入的揣摩和深究，那么人类永远不会进步，更不要说会有今天捧着iPhone6s看各地新闻了。

一切知识都是从无到有，从初露端倪到博大精深，知识是越学越觉得贫乏的。苏格拉底也看出了知识的渊深和无穷无尽，所以他才说出了：知道得越多，才知所知越少。我们学任何知识都是如此，深入挖掘之后，知识的层面会感觉越来越难，一些没有意料到的东西就会迎面而来。这些没有意料到的知识，就是社会还没有给出确切答案的知识。如果你能发觉并且破解它，历史的一页就会留下你的名字。

李尊是我大学的同学，由于是独生子，两个老人身体不太好，不想让儿子离开自己身边去远处工作。李尊从小听话，听从了父母的意见，考了教师资格证，放弃了城市的荣华，回到家乡小县城当了一名教师并在家乡结婚生子。教师的工资微博，妻子又下岗，儿子读书也花钱，李尊一筹莫展之下，课外学了律师，考了4年才拿到律师资格证。在律师事务所的日子里，由于没有资源，没有人脉，最初几年不仅不挣钱，还要给事务所缴纳不少的挂名费。慢慢地，随着日子的延伸，他开始挣钱了，从第一个官司开始，一步一步走到了今天，月薪早就超过了他当教师的收入，一个月两万是最低的。有一次同学聚会，问起他的情况，他说自己最近除了当律师，还在学心理咨询，因为很多司法案件和人的心理有关，学会了心理对于律师的发展很有裨益。

我们这些同学毕业后，各有了各的工作，在城市里也算是小康水平，整天过着浑浑噩噩的日子，下班后就是刷微信和看大片，只有李尊在一直努力。看着李尊意气风发的面容，我忽然觉得，他一点儿都没老；而我们这些人，虽然年纪不大，心态却都老了。

庄子说："吾生也有涯，而知也无涯。"牛顿临终遗言："我好像是一个在海边玩耍的孩子，不时为拾到比通常更光滑的石子或更美丽的贝壳而欢欣鼓舞，而展现在我面前的是完全未探明的真理之海。"

朋友，你了解苏格拉底说的"知道得越多，才知所知越少"的道理了吗？只有所学得越多，才会发觉自己的短处，才能得到更深远的发展。在这个不停求学的过程中，你终会得到你想要的生活，包括物质、精神和其他。

第五节 道可道，非常道

> 不骗人是道德的，骗人也可以说是道德的。那就是
> 说，道德不能用骗不骗人来说明。究竟用什么来说明它
> 呢？还是请你告诉我吧！
>
> ——苏格拉底

苏格拉底和我国的孔子生活在一个时代。在这个世界上，也许真的有着一种冥冥的约定。孔子去世10年后，即公元前469年，在古希腊的雅典城诞生了苏格拉底。他和孔子一样，饱读诗书，孜孜不倦地学习前人的思想，并且对前人哲学思想进行了批评和发扬。在论述"道德"这一观点的时候，两个人都有着自己的论述，虽然有所不同，但基本出发点都是强调"善"，苏格拉底更是提出了"有了知识就有了道德"的观点。但"道德"遇到"撒谎"的时候，又该怎样辨证地看待这件事呢？

有一回，苏格拉底来到市场上，他一把拉住一个过路人说道："人人都说要做一个有道德的人，但道德究竟是什么？"

那人回答说："忠诚老实，不欺骗别人，才是有道德的。"

苏格拉底问："但为什么和敌人作战时，我军将领却千方百计地去欺骗敌人呢？"

"欺骗敌人是符合道德的，但欺骗自己人就不道德了。"

苏格拉底反驳道："当我军被敌军包围时，为了鼓舞士气，将领就欺骗士兵说，我们的援军已经到了，大家奋力突围出去。结果突围果然成功了。这种欺骗也不道德吗？"

那人说："那是战争中出于无奈才这样做的，日常生活中这样做是不道德的。"

苏格拉底又追问起来："假如你的儿子生病了，又不肯吃药，作为父亲，你欺骗他说，这不是药，而是一种很好吃的东西，这也不道德吗？"

那人只好承认："这种欺骗也是符合道德的。"

苏格拉底并不满足，又问道："不骗人是道德的，骗人也可以说是道德的。那就是说，道德不能用骗不骗人来说明。究竟用什么来说明它呢？还是请你告诉我吧！"

那人想了想，说："不知道道德就不能做到道德，知道了道德才能做到道德。"

苏格拉底这才满意地笑起来，拉着那个人的手说："您真是一个伟大的哲学家，您告诉了我关于道德的知识，使我弄明白一个长期困惑不解的问题，我衷心地感谢您！"

在论述什么是"道德"的时候，苏格拉底用了反复诘问法，让对方说出最后的答案。这也是苏格拉底的一种教育方式。

苏格拉底曾经把自己的教育方式称之为"产婆术"，从不给受教育者现成的答案，而是通过讨论甚至是辩论的方式来指出对方思想中存在的矛盾，以激发受教育者自己思考并逐步找到答案。苏格拉底把自己比喻为雅典的"牛虻"，任务就是去促醒慵懒的雅典人灵魂。他深入雅典人的日常生活中，通过诘问式的对话，唤醒对话者的思想，引导对话者对美德的追求，帮助对话者发现存在于内心的真理。

在这次标准的"产婆术"提问中，苏格拉底认为"道德"这件事情并不能简单地下定义。如果最后的目的是正义的，是有益的，那么即使撒了谎，也不是不道德的。道德不道德不能简单地用"欺骗"来下定义，只要出发点是好的，为了国家利益和对方利益着想的，就是道德的，而能做到这一点的就是有知识。学知识，懂得了道德，就会避免做出不道德的事情。

可以说，在古代的哲学思想里，"道德"是一个经常被议论的话题。老子在《道德经》里说："道可道，非常道。名可名，非常名。无名天地之始。有名万物之母。故常无欲以观其妙。常有欲以观其徼。此两者同出而异名，同谓之玄。玄之又玄，众妙之门。"这里面的"道可道，非常道。名可名，非常名"成为人们引经据典的常用词，那么老子的"道"究竟是什么呢？

这个道说的就是宇宙遵循的规律。老子这段话的意思是：人生的规律是可以认识的，是可掌握的，但并不是我们平常所认识的那样。给一件事下定义的时候，是有名字可以命名的，可是不是所有的事情都能给出一个称谓。这是这段话的表面意思，后来无数哲学家和自然科学家，甚至易学研究者都给予这段话以新的说法和解释，也许这也见证了"道可道，非常道，名可名，非常名"的深刻奥意，也许我们在这里解释"道德"的时候，老子和苏格拉底两位老人家在遥远的历史尽头偷偷地笑呢！

不管怎么说，正是苏格拉底和老子、孔子等东西方的哲学家，在文明刚刚建立的社会阶段，给蒙昧的人们讲解"道德"的意义，并答疑解惑，用贴近生活的小事情循循善诱，让人们明白什么是对的、什么是错误的。这在当时的社会，为启发人们智力，引导人们思想，做出了积极的作用。

欺骗是不是一种道德，在古老的东方和西方，老子和苏格拉底分别用各自的哲学观点对道进行了解说。老子为了进一步阐述"道"，又说：道冲而用之或不盈，渊兮似万物之宗。挫其锐，解其纷，和其光，同其尘。湛兮其若存，吾不知谁之子，象帝之先。这句话的意思为："道"就像一个大容器，但它里面所蕴涵的内容和运用的领域是用之不竭的。万物的内在本质，就像是万物发源的根源一样。我们在不断地认识和了解的过程中，要不断地消磨认识的锋锐部分，消除认识的意见分歧，融合各种观点的光辉，最终形成共同的观点。我们不知道"道"是怎样产生的，好像是在天地形成之先，也就是说在人类产生之前就已经存在"道"了。在这里，老子用的是宇宙中的从无到有，从生生不息生到变化来阐述道；苏格拉底是从社会伦理的角度来阐述道。

到了孔子这里，又说："为政以德，譬如北辰，居其所而众星拱之。"《论语·为政》认为运用道德进行管理，就像北斗受到众星的拱卫一样，会受到被管理者的拥戴。

第六节　与恶龙缠斗过久，自身亦成为恶龙

> 认识自己方能认识人生。
>
> ——苏格拉底

认识自己最难也最容易，万千的繁华中，总有人诗酒快意人生，也有人潦倒忧闷寄怀。有人温柔乡里潇洒快活，有人蓬牖茅椽，瓦灶绳床。在人生旅途中，过得好与不好，是可以循着物质的数量来审视的；而认识自己，了解自我，却是抽象的，难以实现的。所以，苏格拉底说："认识自己方能认识人生。"

认识自己，是发现自己、了解自己、超越自己的过程。这个过程随着每个人的内在修为而使得每个人的人生境界有所不同。从有关专家的观察来看，我们大部分人都很难做到彻底地认识自己，不能很好地认识自己，就很难开发出潜能，也很难超越自我，在事业和家庭生活中，就会出现各种各样的问题；而这些问题的出现，又让人觉得生不如意，消极悲观。如此恶性循环下

去，于己无利。

我有一个朋友，他就经常饱受不能正确认识自己的痛苦，常常夜里失眠，焦虑充满了他的心胸。原来，他是因为工作上的事情烦闷。在一个小公司里，他当着小头目，本来他是一位体恤下属、脾气和蔼的人，平时和下级的职员相处得也不错。只是有一天，一个刚入职的员工当着他的面驳斥了他几句，根本就没给他面子。他平时做老好人做惯了，也很少批评下属，所以他当时没有反驳和发火，只是下班后到了家里，他才发觉自己很生气，晚饭都不想吃。而后的几个月，他发现自己忽然变得无比的焦虑、痛苦和不自信。他每传达一个任务，都害怕下面的员工反驳自己，害怕被拒绝，害怕对方不给自己面子。为了避免这种情绪继续影响自己，他找了个理由把曾经反驳自己的职工开除了，可是那种焦虑并没有减弱，反而加重了。

这个人就明显属于不能正确认识自己的类型。在处理公司事务的时候，他表现出了明显的不自信。这种不自信的缘由就是他本身能力欠缺，因为潜意识里知道自己"不行"，于是在和员工交代任务的时候，就带着"求"的心理，他不认为自己的要求是合理正常的，所以当他有求于人的时候，就会焦虑和紧张。

要克服这种畏惧心理，就要正确地认识自己，不妨拿出笔来，在一个安静的没有人干扰的环境里，自己问问自己，自己还有哪些地方"工作能力有限""不值得被信任"，是不是自己需要提升自己的知识储备、工作技能。在这个"认识"自己的过程中，就会发现未知的自己，了解另一面的自己。在这个认知自我的过程中，他逐渐发现自己的业务能力还算出众，如果能力不够，也不会在这个公司当上经理；人际关系也可，不得罪人，不随意辱骂员工，所以大部分员工对他还是很尊敬的；唯一欠缺的是个人魅力，缺乏说一不二的果敢和决定。这个和他懦弱的性格有关系。他准备从个人魅力入手，平时注意观察成功人士是怎样做到"振臂一呼，万人呼应"的，他又分析了自己的弱点，有点小气，不够大方，办事较真，不够宽容，不想承担过多的责任，在奖励制度上不够体恤刚入职的员工……以后他慢慢地调整了自己的工作方式，员工对他也心服口服。

　　认识自己是一个艰难的过程，有的人花费了一生的努力依然做不到正确地认识自己。在鲁迅的小说《祝福》中，祥林嫂看到人就跟人叙说自己的悲惨遭遇，开始还能得到人们的眼泪，后来大家的耳朵听出了茧子，就连最慈悲的念佛的老太太都不再同情她。后来全镇的人都能背诵她的话，她的悲惨遭遇经过大家咀嚼赏鉴了许多天，早就成为渣滓，让人厌烦。祥林嫂就是一个不能认识自己的人。浑浑噩噩地生活，当痛苦来临的时候，她没有排泄的渠道，只有叙说。这个时候如果她正视现实，认识自我，好好地规划未来，也许会让自己的日子好过一些。

　　怎样认识自己，这需要修炼自我。尼采说过："与恶龙缠斗过久，自身亦成为恶龙。凝视深渊过久，深渊将回以凝视。"这句话用在现今的社会，就是要我们不论何时，我们的愤怒、不安和激进并不是针对影响我们的环境进行的回击，而是对自我的侵蚀。愈是愤怒，这种侵蚀越是会让你成为一只怪兽。然后这种感觉就会传染给周围环境，而环境里的人被感染，也会成为"怪兽"。

所以，苏格拉底说："认识自己方能认识人生。"

第七节　每个人的一生，都有七次改变命运的机会

命运是机会的影。

——苏格拉底

有人说，一命二运三风水，人的一生有过太多的机缘巧合，有太多的不可抗力。所以，所谓的奋斗、努力、勤奋不过是痴人说梦的呓语、穷人梦想改换门庭的阶梯；也有人说，所谓的仕途、运气不过是机会一词的延伸而已，有了机会，才有了一切。

在这里，我们暂且不论努力、奋斗等词汇，先听听苏格拉底的声音，他是怎样议论命运和机会之不同的。

苏格拉底说，命运是机会的影子。他没有再说多余的话，也

没有更多的解释，只是这么一句，就值得后人细细琢磨，耐久地品味。

命运怎么会成为机会的影子呢？如果我问你，在你的一生中，你有没有得到过改变命运的机会？是不是你从生下来的每一天都倒霉运？你有没有走得顺畅的一段时光？相信，每个人都有命运之神垂青自己的那一霎，可是，有的人在机会来临的时候，懵懂不知所措，任凭着机遇之神在他身边溜走；有的人即使机遇只是在他身边偶尔闪过的那一瞬，他也能够趁机抓住，从而扼住了命运的喉咙，改变了一生的命运。

5年前的一个春天，一个中国农民去韩国旅游，受人嘱托，在韩国一家超市买了4大袋30斤左右的泡菜。在回旅馆的路上，他觉得手里的袋子越来越沉，勒得手很疼，他想把袋子扛在肩上，又怕弄脏新买的西服。正在为难之时，看到旁边的绿化树，他有了一个计策，把袋子放下，跑到绿化树旁边折了一根树枝，他准备用这个树枝当提手，来拎这盛着泡菜的袋子。正在他因为有了这个办法得意之时，韩国的警察来了，因为他折了绿化树的枝条，属于破坏环境，被警察罚款50美元，相当于400元人民币。这个农民很生气，因为他买的泡菜还不值这个价钱，他坐在路边，气呼呼地生闷气，就在这时，他发现街上好多人手里提着袋子，和他一样，被袋子勒得生疼，有的停下来揉着手指关节，还用嘴哈着气，这个时候他灵机一动：为什么不做一种既方便又不勒手的袋子带来呢？

回到国内后，他开始设计这种不勒手的袋子，根据人的手型，他反复设计了好几款提手，为了试验它们的抗拉力，他又分别采用了铁质、木质、塑料等材料。反复对比，他终于设计出了一款不勒手的手提袋，申请了发明专利后，他为了让这款手提袋打进韩国市场，在色彩和样式上进行了包装，又聘请了专业的包装设计师，对手提袋按照国际化标准进行包装，终于这款手提袋得到了韩国经销商的青睐，一家大型超市以每只0.25元的价格，一次性订购了120万只方便提手。他终于成功了，这个农民就是韩振远，如今已经成为百万富翁。有人问他是怎么成功的，他说是50美元买来一根树枝换来的成功。

在这里，机遇就是树枝，韩振远动了动脑筋，树枝就成为其改变命运的支点。如果换做别人，被罚款50美元，可能就认了罚，受了气，过几天就忘了这回事；对于有心的人来说，机会就成为改变命运的支点。

所以，苏格拉底发出如此的睿智之言：命运是机会的影子。过于倚重命运的人是弱者，只有抓住机会的人，才成为强者。命运相对于机会来说，机会可以改变命运，是人自身的努力和才智使得机会发出熠熠的光芒。

有专业人士曾经分析，每一个人的一生都有7次改变命运的机会，不管是穷人还是富人，这7次机会可以改变我们的命运。大概从22岁以后到70岁以前，70岁以后，就不会有机会了。

第一次是成家立业的机会，在22岁到25岁之间，这时候选择一个能够帮助我们成功的另一半和找到一份好的工作，是我们面临的第一次机会。不过，很多年轻人会在这两件事上草率行事，这是年轻付出的代价。

第二次是学习的机会，在32岁左右，这个机会不是让你去学校里学习，而是努力钻研你的工作和你的专业知识。你有了能力，才有资格对环境说不；你没能力，就会永远受制于人。这次机会对于每个人来说，是最重要的机会。

第三次机会是创业的机会，在39岁之前。不管是从政还是从商、从学、提干、升职称、企业扩大，都属于你的创业。创业的含义很广，不单单指经商，有了更好的平台，工资涨了，职位提升了，也属于创业的机会、

第四次是成长机会，在46岁的时候。这个机会属于锦上添花，很难雪中送炭了。事业更近一层，而不是转换职业，反转突破。

第五次是人际关系机会，在53岁之前。处理好人际关系，也可以给自己带来事业的发展和突破。

第六次是学习机会，在60岁的时候。已经知天命，人生剩下的时间不多，活到老学到老，抓住最后的机会充实自己。

第七次是健康机会：在67岁的时候。此时健康是人最大的财

富，好好保护自己的身体，就是幸福。

　　人生的这7次机会，需要我们好好把握。法国科学家巴斯德说过，机会总是偏爱有准备的人；而苏格拉底更说过，命运是机会的影子。你抓住了机会，就掌控了命运。

第五章

梦想还是要有的，万一实现了呢

　　相信，我们每个人都有自己的梦想，可是很多梦想只是想一想而已，比如我们想要像马云那样有钱，我们也知道这个梦想很难实现，于是我们自己就把梦想给扑灭了。你何不去碰碰运气试一试？如果成不了马云，成为刘强东也行呀！这么一努力，没准就实现了呢！

第一节 不要迷信成功学 要多看别人的失败经历

非常遗憾，这是一个假苹果，什么味道也没有。

——苏格拉底

苏格拉底生活的时代，雅典城每月举行两次至四次的公民大会，还有由6000人组成的"陪审法庭"，处理公民的诉讼案件。在公民会议和陪审法庭上，人们常常要发表意见，要和自己的对手辩论，不许旁人代辩。这就催生了一批具有雄辩才能的哲学家。

在那个年代，有口才的思想家地位都是很高的，更有的出入于奴隶主贵族门楣，为当时贵族的儿子当老师。苏格拉底门下有很多学生，他对学生的要求之一是不要迷信权威，这一点从下面这个故事里可见端倪。

有一天，苏格拉底的学生们向他请教该怎么样做才能坚持真理。苏格拉底让学生们坐下，接着从自己的皮包里拿出一个苹果，从讲台上走了下来。他用拇指和中指捏着这个苹果，缓慢地从每位学生的座位旁边走过，一边走一边说："请每位同学集中精神，嗅一嗅空气中的气味。有哪位同学闻到苹果的气味了？"同学们相互看了看，脸上露出怀疑的表情。

苏格拉底再次走下讲台，拿着手中的苹果，以更慢的速度从每一个学生的座位旁走过，边走边叮咛："请每位同学务必集中精力，仔细嗅一嗅空气中的气味。"回到讲台上后，他再度提问："大家闻到苹果的气味了吗？"这一次，绝大多数学生都举起了手。

又过了几分钟，苏格拉底第三次拿着苹果走过每位学生身边，让每位学生都嗅一嗅手中的苹果。回到讲台后，他还是问同样的问题："同学们，大家闻到苹果的香味儿了吗？"苏格拉底刚说完，全部学生都举起了手。苏格拉底也笑了："大家闻到了什么味儿？"学生们异口同声地回答："苹果香味儿！"接着，苏格拉底脸上的笑容不见了，他举起苹果慢慢地说："非常遗憾，这是一个假苹果，什么味道也没有。"

苏格拉底对学生们说："永远不要用成见下结论，要相信自己的直觉，更不要人云亦云。我拿来一只苹果，你们为什么不先怀疑苹果的真伪呢？不要相信所谓的经验，只有怀疑开始的时候，哲学和思想才会产生。"

从这个历史故事里，我们可以看到，苏格拉底不仅让人们看到了经验和成见的副作用，更挖掘出人性的弱点，那就是迷信权威，墨守成规，懒于思考。

苏格拉底不赞成学生迷信权威，要敢于有自己的思想和见识。在一桩有名的官司案件中，普罗泰戈拉的学生优安塞隆就沿用了苏格拉底"不迷信权威，敢于质疑"的观点，和自己的老师普罗泰戈拉打了一个至今被传诵的官司。

普罗泰戈拉是第一个收费的教师。学生入学时，约定先付一半学费，待学成并打赢第一场官司后再付另一半学费。有一次，他和一个叫优安塞隆的学生为收另一半学费的事情上了法庭。这个学生在法庭上说："我还没有打赢一场官司。"普罗泰戈拉马上说："不行，现在我跟你打官司，我赢了，你必须付给我钱，因为我赢了；你赢了，你也必须付给我钱，因为你赢了。"

优安塞隆立即说："如果我输掉这场官司，那么我就还没有打赢过官司，也就不用向普罗泰格拉交钱；如果我打赢了这场官司，也就是说，法庭驳回了普罗泰格拉的要求，那么我还是不用交钱。总之，无论输赢，我都不用交钱。"

这场官司就是举世闻名的利用"悖论"进行质疑的官司。虽然该学生有诡辩嫌疑，但敢于质疑权威、勤于思考的勇气也是令人钦佩的。

人类发展史上，正是有了一大批勤于思考、不迷信、不墨守成规的人，社会才得到了进步。1801年，一个初出茅庐的年轻人对牛顿提出公开挑战，他说："尽管我仰慕牛顿的大名，但我并不认为他是万无一失的。我遗憾地看到他也会弄错，而且由于他的权威阻碍了社会的进步。"这个年轻人就是托马斯·杨，正因为他的敢于创立新说，不迷信权威，使得光的"波动说"有了新局面，使光学研究从死胡同里走了出来。

"非典"刚发生时，中国很多医学权威认为是衣原体病毒。但钟南山院士另有发现，他大胆质疑，勇敢申诉自己的观点，认为是冠状病毒，为当年快速诊治病人立下了大功劳。

清华大学校长陈吉宁在致新生中说："到了大学，你们可以听到很多精彩的讲座报告，接触到很多学术大师。权威值得我们尊重，但尊重不是迷信和盲从……诺贝尔奖获得者丁肇中先生曾来我校演讲，在谈到自己不断取得新成果的体会时，他说：科学就是多数服从少数，只有少数人把多数人的观念推翻之后，科学才能向前发展。"

下面，让我们学习马云的一段话来验证勤于思考的重要性。

不要迷信成功学，要多看别人的失败经历。很多时候少听成功专家讲的话。所有的创业者多花点时间学习别人是怎么失败的，因为成功的原因有千千万万，失败的原因就一两个，所以我的建议就是少听成功学讲座，真正的成功学是用心去感受的，有一天你就是成功者，你讲任何话都是对的。

第二节　不戚戚于贫贱，不汲汲于富贵

　　　　纵使富有的人以其财富自傲，但在他还不知道如何

使用他的财富以前，别去夸赞他。

——苏格拉底

老子说："天地不仁，以万物为刍狗；圣人不仁，以百姓为刍狗。"这句话说的是，大自然是没有感情的，它对万物都等同祭坛的贡品；老子理想中的圣人也是不动感情的，对一切都任其自生自灭。在老子的境界里，由于人类总是要走向死亡的，普通人的生死和荣辱在老子眼里都是一种虚幻的东西，迟早这些荣华富贵都将化为云烟，所以老子的观念是让人们听其自然，不要太执。

实际上，对于老子的这些话，世上的人又有几个人能够遵循呢？我们大部分人，还是渴望加官进爵，封官进士，渴望过一种锦衣玉食、温柔富贵的优渥生活。在这个追逐名利的进程中，有的人靠着天时地利等原因，把同一阶级的人丢在了很遥远的背后，成为富甲一方的有钱人；有的人就一生潦倒，几次重振勇气，依然是踉跄艰辛。现代社会重视个人自由和崇尚享乐，这也造成一部分有钱人面露狰狞，挥霍无度；另一部分没有得到资源的人，生活在贫困线下，痛苦不堪又无可奈何。所以，苏格拉底说："纵使富有的人以其财富自傲，但在他还不知道如何使用他的财富以前，别去夸赞他。"

在苏格拉底时代的古希腊，社会还是奴隶主民主专制，他们所谓的民主只限于贵族奴隶主、工商业奴隶主、自由民(根据时期有所不同)。例如：选举比例制、任期制、轮流坐庄等。在这里需要补充一下的是，古希腊的选举是豆子抓阄选举制，苏格拉底曾反对这种政治制度，他说："君主或统治者并不是那些拥有大权和王位的人，也不是那些中签的人，更不是那些用暴力或凭欺骗手段取得政权的人，而应该是那些懂得怎样统治的人。"他主张贤人政治主张，也肯为了国家利益冲上战场。据记载，在伯罗奔尼撒战争中，他自带装备，作为重装步兵3次为国参战。他战斗中表现勇敢、坚定；在被敌军包围时，在艰苦的环境中他不怕饥苦，赤足履冰；在战友受伤的时候，又只身杀开血路，救出战友；在战败撤退的时候，他表现沉着镇定，毫不惊慌。可以说，苏格拉底用自己的行动实践着自己的理想和政治思想。即使如此，在当时的社会，由于奴隶主占有大部分财产，所以贫富差距比较大。面对经常在雅典城里炫富的奴隶主和面黄肌瘦的奴隶，而平民对奴隶主的艳羡和崇拜又让苏格拉底痛心。所以，苏格拉底才说，对于有钱人，他们并不知道他们的钱怎么处置，不用崇拜他们。

　　无独有偶，年收入超过800万美元的NBA球员，花钱如流水已是众所周知，科比年薪创历史新高，年薪达到3050万美元。据统计大约六成NBA球星，在退役以后宣布破产，能玩到破产其实也挺不容易的。当然，他们生活奢侈、不善理财是罪魁祸首。在阿拉伯一些国家，超级富豪们通过晒自己与宠物狮子或猎豹的照片来"炫富"，卡萨布兰卡在飞阿布扎比的航班上，一个阿拉伯长袍男给他的12只老鹰买了票，坐经济舱，主人自己却坐在了头等舱。4个小时的航程中，老鹰们摇头晃脑，旁边的旅客看呆了。Dance是英国人，为世界知名的贝壳学家，Dance在伦敦遇到一个来自阿曼的土豪。土豪说，你认识这么多贝壳啊！我住在阿曼，海边有好多贝壳，你去帮我认一认吧！Dance一想，反正那边的贝类也没人仔细研究过，去看看，也许能有点意思。于是就跟去了。到了阿曼，土豪突然改口说，你干脆来给我工作吧，任务就是去海边捡贝壳，回来告诉我它们叫什么名字。以后Dance果真去给这土豪捡贝壳去了，后来因为海边的贝壳种类比较多，Dance还发表了自己的专著，成为著名的学者。相传他服务的这个土豪根本就是阿拉伯一白袍的侍从，这个侍从就能养活一大批仆人外加贝壳学者，可以想见阿拉伯白袍富裕的程度了。

2015年，招商银行和贝恩公司联合发布《2015中国私人财富报告》，报告显示2014年年末中国内地个人可投资资产1千万人民币以上的富豪超过100万人，其中1/10在广东。而在深圳土豪圈，花600万买个浴缸只为了相信它有养生功能，7000万的豪宅买来当公司食堂，家里存了不同颜色的跑车目的是搭配衬衫颜色……各类土豪炫富层出不穷。有人说，这个世界是有钱人的世界，一掷千金的事情看得多了，也不觉得稀奇了。苏格拉底却对此嗤之以鼻。他认为各类炫富只能暴露这些富豪的肤浅，他们并不懂得怎样支配自己的财产，更有的财大气粗、品质败坏，他们的钱只能显得他们的浅陋和无知。

在夏洛蒂·勃朗特的自传体小说《简爱》中，当土豪罗切斯特为了试探简而假意要娶某贵族小姐时，她愤怒地说："你以为，因为我穷，低贱，不美，矮小，我就没有灵魂没有心吗？你想错了！——我的灵魂跟你一样，我的心也跟你的完全一样！……就如我们站在上帝跟前是平等的——因为我们是平等的。"最初，土豪罗切斯特对相貌平凡又贫穷的简爱是瞧不起的，最终被简爱的自由主义思想所感染，真正爱上了简爱。

下面让我们用陶渊明的文字来体味一下诗人对待贫富的生活态度：

不戚戚于贫贱，不汲汲于富贵。其言兹若人之俦乎？衔觞赋诗，以乐其志，无怀氏之民欤？葛天氏之民欤？

第三节　想出名，不要适得其反

年轻人，你一心想要出名，可不要弄个适得其反呀！

——苏格拉底

柏拉图的堂弟格老孔，在不到20岁的时候，就朝思暮想做城邦政府的领袖，非常荣耀而潇洒地面对众多的人进行演讲。按理说，一个青年人有这样的理想，并非坏事。遗憾的是，格老孔对这方面的知识和才能都很欠缺。家里人都明白他这是好高骛远，想入非非，真怕他冒冒失失地闯上讲坛，弄得不好被人拖下来而落下笑柄。可是，没有一个人能说服他不要这么做。这件事被苏格拉底知道了，鉴于和柏拉图的关系，他决定开导开导这位不知天高地厚的青年。

一天，苏格拉底看见格老孔迎面走来，老远就喊；"喂，格老孔，听说你决心做我们城邦的领袖，这是真的吗？"为了使格老孔乐意听自己的话，苏格拉底故意装出一副十分热情的样子，选择了格老孔最感兴趣的话题。

"是的。我的确是这样想的，苏格拉底。"格老孔回答。

"那好极了。如果人间真有什么好事的话，这又是一桩好事了。因为，倘若你的目的能够实现，你想有什么就会得到什么；你将能够帮助你的朋友；为你的家庭扬名，为你的祖国增光；你的名声在传遍全城之后，还会传遍整个希腊，甚至在异邦中享有盛名。那时，你无论到哪里去，都会受到人们的敬仰。"

果然，格老孔听了这番话，大为高兴，就停下来同苏格拉底交谈。

看到格老孔留下来，苏格拉底接着说："看来很明显，格老孔，如果你想要受到人们的尊敬，你就必须对城邦有贡献。"

"正像你所说的。"格老孔回答。

于是苏格拉底请格老孔谈谈关于做贡献的打算。正当格老孔思考的时候，苏格拉底问他是不是首先让城邦富裕起来，而实现富裕的途径是让税收增多。格老孔表示同意。苏格拉底又问："税收从何而来？总数多少？不足的补充来源是什么？"格老孔回答："对这些问题没有考虑过。"之后，苏格拉底又问他对治理国家所必须考虑的问题的看法，如削减开支、国防力量、防御战略、粮食供应等。格老孔要么回答没有考虑，要么说不清楚，要么推托这类事情没必要亲自过问。

看到格老孔为难的样子，苏格拉底进一步开导他说，"国家人口多，一些问题确实很难说上来，但如果能帮助一家，就可以着手帮助更多的人家，你为什么不从增进你叔父家的福利试一试呢？"

格老孔说："只要叔父肯听我的劝告，我一定能对他们有所帮助的。"

苏格拉底笑了："如果你连叔父都说服不了，还想让包括叔父在内的整个雅典人都听从你的劝告吗？年轻人，要当心，你一心想要出名，可不要弄得适得其反呀！看看现实，在处理所有的事情中，凡受到尊敬和赞扬的人都是些知识最广博的人。反之，都是些最无知的人。如果你真想在城邦获得盛名并受到人们的赞扬，就应当努力对想要做的事情求得最广泛的知识。因为只有这样，你才能胜过别人；在处理事务的时候，你也就会很容易地实现你所期望的目标了。"

高傲的、一心想做领袖的格老孔被说服了。

年轻的时候，我们经常会把未来想象得无比美满，我们自以为有经天纬略之才，憧憬着天高地阔、鸟飞鱼跃、自由施展。我们有着太多不切实际的梦想，我们以为我们能够轻而易举就上天揽月。我们梦想太多，而一旦遇到现实，所有的理想都会被现实击碎。

清朝诗人张灿曾写有一首七绝：书画琴棋诗洒花，当年件件不离他。而今七事都更变，柴米油盐酱醋茶。这首诗就形象的说明，理想被现实所击碎。是的，柴米油盐酱醋茶，一家的开门七件事，事事关乎我们的身家性命，关乎我们的日常生活。如果家里的事情都不能处理好，还幻想征服世界，这不是白日做梦吗？一个人有梦想并不是不好，关键在于是否符合现实，不要处处生活在梦里，要尽快地回到社会这个大环境中来，尽早地让自己的理想更接地气一些。

张霞，是我小学的同学，在这里我们谈论的不是她，而是她的哥哥张磊。张磊大学时是个有梦想的人，由于家境尚可，大学期间喜欢追梦，去过西藏日喀则追梦，又崇尚粗旷的自然风光，独自一人背包去塔克拉玛干沙漠徜徉。大学毕业后，不想在国内工作，可是国外又没有亲戚。为了达到出国的目的，他听说有的人用旅游签证去了国外就不回来了，他也决心试一试。结果他还真的去了，在国外玩了几天，很快旅游签证到期了，他不想回国，就成了"黑户"。由于没有身份，他只能在一些小饭馆打工，休息没有保障，每天工作16个小时，住的地方又贵，为了寻求便宜的住房，不得不一次次地搬家。虽然他的家庭条件在国内尚可，可他的父母毕竟是工薪族，并没有很多钱提供给他让他在国外消费。他本以为国外的钱比中国好赚，处处是黄金，可真的到了外国之后，各种不遂意便接踵而至。为了能够得到绿卡，他不得不跟着其他出国的"黑户"学，找了个国外黑女人假结婚，事先已经签了合同，一个月他得给"假妻子"多少钱，黑女人每个月回他的租房做做样子(两个人并没有夫妻关系，团聚的日子是警察调查的日子)，如果一切顺利的话，他就能拿到绿卡，绿卡到手后他再和黑女人离婚。一切想象得很美好，谁知这个黑女人贪得无厌，狮子大开口，一次又一次地跟他要钱，否则就宣称把他告秘。在一次争执中，张磊失手把黑女人打死，张磊的外国梦彻底幻灭。

　　所以，苏格拉底教育我们：年轻人，你一心想要出名，可不要弄得适得其反呀！

第四节　徘徊不前，就是给别人让路

当许多人在一条路上徘徊不前时，他们不得不让开一条大路，让那珍惜时间的人赶到他们的前面去。

——苏格拉底

时光匆匆地流过了几千年，大浪淘沙，人潮滚滚。在这个大千世界里，留下千秋功名的总是寥寥可数的那么几个，他们就像夜空的星星，焕发着熠熠的光辉。而我们大多数人，只不过是陪衬这些星星的夜幕。我们每个人都希望自己是星星，耀眼、明亮。可是，当我们望着满天星空的时候，你可知道无论是多么耀眼的星星，它们的光辉正是通过无数个日夜的燃烧、运动，甚至发生毁灭爆炸后再重新聚在一起的？我们渴望成功，可是，我们能够忍受属于我们的漫漫长夜吗？

为此，古希腊的先哲告诉我们：当许多人在一条路上徘徊不前时，他们不得不让开一条大路，让那些珍惜时间的人赶到他们的前面去。这就是每一个成功者的必经之路，听起来很普通，不就是赶时间呗！可是，试问问自己，你赶过时间吗？还是随着时间的脚步，日落而息，日升而作？像大多数人一样过着平庸淡味的日子？

至今我还记得，我的高中化学老师讲过他的一段经历。那时候我还在读高中二年级，一天中午他像往常一样滔滔不绝地讲着化学元素，课堂纪律有一阵维持得不太好，也许是大家已经厌烦了这种老生常谈，也许是那天正巧是下午的课，大家都有些无精打采。就在这种午后懒洋洋的气氛里，化学老师也好像被这种慵懒感染了，他看了看无精打采的我们，放下了粉笔，然后说："同学们，我给你们讲一讲我的故事。"

我们依然有点慵懒，可还是竖起耳朵听他讲了起来。那时候，化学老师也不过40来岁的样子，他长得高大挺拔，气质颇佳。我们都不知道，他原来的出身竟然是一个工人。通过他的复述，我们知道，他曾经是当年我们那个小县城油泵油嘴厂的一名高考落榜的工人，如果他不努力，他也许一辈子都只能做一名装油泵的工人而已。他不甘心在工厂和油泵油嘴打一辈子交道，利用业余时间努力苦读，终于考上了一所大学，而后分到了我们这个重点学校……至今我都记得他说的一段话，他说："当年考大学之前，由于考学需要，我去照了一张照片，在那张照片里，我的形象就跟一个囚徒一样，一年多不理的头发，整个形象看起来很是不堪。"

化学老师的话就好像给我们麻木的神经打了一针，我们立即感到疼痛、清醒起来。在那个懒洋洋的午后，由于化学老师的一番话，我们好像一个个长大了，我们知道了每一项成功都来之不易。只有奋斗才能让人笑到最后。在此后的数十年里，有一次我回家乡，看到家乡的那个油泵油嘴厂已经倒闭破产，大量的下岗职工无处安置，在街道上卖菜、卖水果，而我的化学老师与以前相比更加玉树临风、风度潇洒，他开着现代小轿车从学校专为老师建造的小区驶过，当他的目光望向街边那些油泵厂的下岗同事的时候，我不知道他的心里是不是会闪过当年那个蓬头垢面的少年。

世上的每个人，生下来不可能都是锦衣玉食，相信我们大多数人，都在走着自己平凡淡味的一条路。有的人就鱼跃龙门，成为我们艳羡的对象；有的人就只能是潦倒的路人甲。世上熙熙攘攘的凡人这么多，多我们一个不多，少我们一个也不少。如果有一天我们消匿于尘世中，就好像一粒灰尘落于土地，至多让亲人悲哭几声，身边的其他人依然会按照自己的原有秩序日落而息、日出而作。能过自己意愿中的生活，是我们大多数人的愿望。可是，当别人努力的时候，你在干什么？你在看美剧，在玩永远没有完结的游戏，在看无聊的小说；在别人日夜不休、学习某种技能的时候，你在品尝美食，在和朋友欢聚，在玩弄你的小资情调，听一曲忧伤的乐曲……当别人忙着赶时间的时候，你在给对方让路。当看到别人荣誉而归，你又羡慕眼热。这是真实的你吗？

是你自主让出了路，怪不得别人。所谓天才，不过是人家在我们喝水、品尝美食、玩乐的时候，他们在赶时间；在我们午睡、聊天的时候，他们在赶时间。时间给予我们每个人的都是一样的，在同样的时间里，先不说别人做出的事业，单是你向往的物质生活。对于抢时间的人来说，随着事业的崛起，物质已是垂手可得。所有的努力不会白费，你如果勤奋，也会走出你的困境，在把那些懒惰的人甩出去的时候，你就是一个大写的你。

让我们永远记住苏格拉底的这句话："当许多人在一条路上徘徊不前时，他们不得不让开一条大路，让那珍惜时间的人赶到他们的前面去。"

第五节　对作家来说，写得少是这样有害

> 对作家来说，写得少是这样有害，就跟医生缺乏诊病的机会一样。
>
> ——苏格拉底

有人说，自古哲学家和文学家不可分，一名哲学家必定也是一名文学家，而一名出色的文学又会因为其思想的深邃和独立的见解成为一名哲学家。苏格拉底从小熟读《荷马史诗》和其他著名诗人的作品，在他40岁的时候，在当时的雅典城已经非常出名。在这里要说的是，古希腊文明哲学的发端是神话故事，最早

记录奥林匹斯山诸神的是荷马的史诗。苏格拉底正是在古文学的熏陶下，对哲学发生了兴趣，从而开创了古希腊哲学史的新纪元。

在当时的古希腊，剧作家是一个比较受重视的行业，很多出名的作家靠写戏剧为生（当年苏格拉底被判死刑时，就有一名剧作家墨勒托斯是状告人之一）。在苏格拉底颇富盛名的时代，有一名作家曾经问苏格拉底怎样提高文学水平，苏格拉底说："对作家来说，写得少是这样有害，就跟医生缺乏诊病的机会一样。"

是的，对于一个作家来说，如果不多写多练，是提高不了文学水平的。我有一个亲戚的女儿，喜欢看时下流行的小说，她说她以后想像郭敬明一样当作家。有一次她告诉我，她在写一部"鸿篇巨著"，打算把自己高中时发生的故事写出来，并把她写的故事从开头给我看。

我看了看她写的，才2000字。虽然文字还是有点稚嫩，可是感情比较真挚。我鼓励她说，等你写完了我一定拜读。过了一个月，我去亲戚家，问她那个小说完成得怎么样了，她却给我看起了另一部作品，她说，以前那个小说不想写了，准备换一个新的题材写。我看了她新写的题材，是一部幻想小说，也就几千字，要成为一部书，还得经过漫长的努力耕耘才行。我问她准备表达什么，她嗫嚅了一下，有点羞涩地说，准备写一个类似《幻城》的故事，我预祝她一定好好写。

　　过了几个月，我又一次去亲戚家，问她写得怎么样了，她说，还是看小说有趣，写作太苦、太累。

　　很明显，这个亲戚就是既想得到成功又不想努力的典型。她想当作家，有一个宏伟的理想，可是写的时候却只有个开头就害怕辛苦，这样写写停停，怎么会成功呢？所谓的作家梦，只能是"镜中花，水中月"而已。

　　我曾经做过几年自由撰稿人，所以比较喜欢关注新生代的作家，有一个作家的经历曾经一直激励着我努力。她只有初中文化，由于家庭贫困辍学，跟着表姐去深圳打工。她的工作辗转在酒店服务员、宾馆保洁员之间，上班时她一边擦马桶一边想：整天擦不完的马桶，什么时候才是个头啊！

　　她很痛苦，唯一的欣慰就是当时网络兴起，有不少的网吧。她下班后，就去网吧上网，在一些文学网站里写着自己的文字，她感觉太痛苦了，她需要用文字去宣泄自己的苦闷。于是，往往会看到这种情形，夜里10点左右，酒店打烊了，一个女孩走在酒店至网吧的小路上，等夜里十二点，又会看到这个女孩返回酒店。她这么做坚持了5年。没有任何人鼓励她，她只是靠着自己的信念在挣脱命运的泥潭。在不停写作的日子里，有一家小型网站的主管喜欢她的文字，她的文字一出来，就给她加精，她受到这种加精的鼓励而不停地磨练自己幼稚的文笔。她说坚持了5年，就为了加精，没有一分钱的报酬，在周围都是玩游戏的声音里，她没有一次玩过游戏，她坚持着自己的梦想，不停地写。当时网吧的费用一个小时两元钱，为了让时间更有效地发挥作用，她白天在酒店里一边干活，一边构思情节，这样到了网吧，就节省了构思的时间，下笔如有神，很快一篇几千字的文稿就打了出来。有些杂志在网上看到她的文章，和她联系，要刊载她的文章，并给予稿费。她没想到自己的文章有一天会卖钱，当她收到第一笔1000元的稿费时，她在酒店里一边擦马桶，一边流泪，她蓦然觉得自己就跟一个富翁一样，一篇文章能竟然能给予1000元稿酬。以后她开始研讨各路杂志的写作风格，利用一切时间去图书馆看杂志，她拿着笔记本和钢笔，把各个杂志的精美文章记录下来，细细揣摩风格。有一次夜里12点了，一个杂志编辑要她赶紧赶一篇稿子出来，因为被一个大牌作者放了鸽子。她忍着困意，立马赶就了一篇5000字的小说……以后她又出版了第一部书，第二部书……到今天，她已经出版小说作品三十余部，有一部已经被拍成电影公映。

　　朋友们，你也许已经猜到了她是谁。是谁不重要，重要的是，一个人如果准备以写作作为职业，那必须经过漫长的练习才能提高文笔。莫言只有小学文化，他站到了诺贝尔奖的领奖台。他最初的写作经历也是辛苦的，因为没有名气，他在《我的梦想》中说："我写了许多，专找那些地区级的小刊物投寄。终于，1981年秋天，我的小说《春夜雨霏霏》在保定市的《莲池》

发表了……"

　　我们记住苏格拉底的话吧："对作家来说，写得少是这样有害，就跟医生缺乏诊病的机会一样。"

第六节　单曲循环是一种固执的病

　　　　每个人身上都有太阳，主要是如何让它发光。

　　　　　　　　　　　　　　　　　　——苏格拉底

　　太阳，是一个恒久的话题。古往今来，有多少诗人雅士赞美过太阳，"日日春光斗日光，山城斜路杏花香。""白马湖平秋日光，紫菱如锦彩鸾翔。"太阳，以它源源不断的热量，养育了我们地球上的所有人类和所有的生物。几千年来，诗人们为它一再进行歌颂。从遥远的原始人类到今天利用太阳能发电，利用太阳能转变热能制作成热水器、太阳能灶、太阳能制冷空调……太阳，不论是在鸿蒙初开时期还是在现代社会，永远都发挥着它的主要作用。世界上，有关太阳神的崇拜有五大发源地：中国、印度、埃及、希腊和南美的玛雅文明。希腊赫然位于其中。苏格拉底说过："每个人身上都有太阳，主要是让它如何发光。"这句话里的太阳就有更多的寓意。

实际上，德国的哲学家、西方现代哲学的开拓者尼采也说过："我是太阳，光热无穷，只想给予，不想获得。"这个时候的尼采还是有理智的，他梦想构建超人哲学，他敢于直接发布自己的意见，一句"上帝死了"惊世骇俗。尼采梦想的超人，是理想化的用新的世界观重新构建新的价值体系的人。这个超人，就是尼采宣扬的"我是太阳"。

苏格拉底，也希望每一个人都要认识到自己身上有着特殊的潜质，他希望人们去挖掘这种潜质，要意识到自己也有光和热。可以说，尼采的"我是太阳"带有一个狂人的构想，而苏格拉底的"太阳"就充满了理性。

尼采生活的时代，在苏格拉底之后2000年。他在《尼采语录》里曾说："我是太阳，所以我疯了。"说这话不久，他就真的疯了，在精神病院和家庭之间辗转流转，一直疯了11年才离开人间，他那个躁动不安的灵魂才得以安息。

尼采的太阳和苏格拉底的太阳，不是同一个太阳。超人尼采对苏格拉底的哲学思想，就像其咒骂"上帝死了"一样，对苏格拉底的哲学也进行了大胆的鞭挞。尼采抱怨苏格拉底过于理性，任凭什么道理，都要贯穿理性，而尼采自己就以感性为主。尼采还把悲剧的灭亡归罪于苏格拉底的乐观主义精神——知识即美德、罪恶源于无知、有德者即有福者。尼采的哲学思想，历经了几百年的变迁，终于发挥出熠熠的光芒。而苏格拉底，也作为古希腊哲学的典范，成为智者的楷模。两位哲学体系没有多少交集，却分别以个人的体系完成了人生的任务，让哲学这一思想渗透于人生之中。

苏格拉底的"每个人身上都有太阳，主要是如何让它发光"强调了"如何发光"，他首先确认我们每个人都有太阳，这一点就是说，你要相信自己有能量，有力气解决任何棘手的问题。做一个小太阳，既温暖别人，也被别人所照耀。我们不应该做一匹"孤独的狼"，独自忍受风雨，不理睬任何人的挽留和好意。只有把自己当作太阳，人类才有了今天；如果每个人都固步自封，社会也得不到进步，人类也很难发展。

王子悦是一个喜欢独处的女孩，她不太合群，却喜欢读安妮宝贝那种小资文学，喜欢穿平底鞋，梳麻花辫，听爱尔兰音乐。她经常独自一个人在小雨里漫步，品味孤独的滋味。直到有一天，一条"女子河岸边跑步，被心怀不诡者拖进草丛侮辱"的新闻遍布了朋友圈，她就不再独自一个人去漫步，而是更多地去参加社会活动，同事的聚会也去参加了。进入了集体中，她蓦然发觉，集体环境也很不错，很是温馨，原来自己那样喜欢独处，只不过是"欲赋新词强说愁"的少女情怀罢了，只有融入集体中，发挥自己的热，并感染集体的热。在这种有点世俗的环境中，自有一番现世安稳，岁月静好。这样的人生也许才是真正的、没有遗憾的一生。

单曲循环是一种固执的病，没准你也犯过，希望随着年龄的加深，你能够体验到朋友带给你更多的快乐。

第七节　吃饭是为了活着，活着不是为了吃饭

> 坏人活着是为了吃与喝，而好人却是为了活着才吃与喝。
>
> ——苏格拉底

万水千山，天遥地远。每个人寄存于天地间，无不是为了凡体肉胎的锦衣玉食，为了饫甘餍肥的口舌之美，我们殚精竭虑，我们昼夜辛劳。寄人篱下的隐忍，屌丝底层的卧薪尝胆，无不是为了出头的一日。可是，我们这么辛劳，如此兢兢业业，真的只是为了口舌之美，为了这个肉体躯壳吗？

为此，苏格拉底说："坏人活着是为了吃与喝，而好人却是为了活着才吃与喝。"在这里，苏格拉底说的"好人""坏人"并不是一般意义上的好人、坏人，而是指活出正能量的人和负能量的人。为了探讨生存的意义，苏格拉底说过很多努力上进的话，这句也具有一定的代表意义。

在研究"坏人活着是为了吃与喝，而好人却是为了活着才吃

与喝"这句话之前，我们先了解一下苏格拉底说这句话的前因。苏格拉底本人虽然出身平民，父母都是劳动工作人员，可是他的很多弟子和朋友都是部落贵族，即现在流行的说法"高富帅"，如柏拉图的亲戚克里提亚和卡尔米德，苏格拉底的仰慕者亚西比得，以及柏拉图本人、色诺芬、柏拉图的哥哥阿迪曼托和格劳孔等。这部分人由于出身高贵，多多少少都有点散漫的作风，而由于不事劳动、家业败落的也时有发生，即使如此，他们只要有一口饭吃，就不去工作。苏格拉底看在眼里，于是就说"坏人活着是为了吃与喝，而好人却是为了活着才吃与喝"，以规劝这些不务正业的没落贵族子弟。

　　苏格拉底的这句话，即使用在现在也是具有教育意义的。坏人活着是为了吃与喝，而好人却是为了活着才吃与喝，这说的是有一部分人，活着就是为了吃喝两事，吃饱喝足就满足了；另一部人吃喝是为了满足身体的需要，他们活着还有更重要的事情要追求。苏格拉底还说过：世界上有两种人，一种是快乐的猪，一种是痛苦的人。苏格拉底这些话的道理是有相通之处的，快乐的猪就是"为了吃喝的人"，痛苦的人就是"为了活着吃喝的人"。

　　是的，如果我们活着只是为了吃喝，那么生存和猪有什么两样，唯一不同的就是为了吃喝活着的人吃的食物更精美一些而已。而为了活着才吃喝的人，就不单单是吃喝这件事了，这种人还有更美好的追求。实际上，人类经过数百万年的进化，如果依然停留在"吃喝"这两件事情上，人类又是多么悲哀。如果前人为了吃喝，就不会有四大发明，不会有今天的高科技。正是有了他们不单单是为吃喝活着的追求精神，我们才能够坐上高科技的快车，坐在家里就能饱览千里山河，不行跬步即能听尽天下奇闻。

2015年11月，阿里巴巴董事局主席马云日前在参加央视《开讲啦》节目时谈及了自己对于财富的理解。他表示："我最开心的时候是每月拿91块钱做老师的时候，那时候会想再熬几个月我可以买辆自行车，但现在没有这种需求。"我们知道，马云早年期间曾经读过师范，当过老师。如果他能够安于彼时的91块的工资，也就不会有今天的阿里巴巴，平民百姓通过淘宝致富的路径也就成为梦想。事实上，在90年代，马云在电子学院当老师的时代，月薪91块钱对于平民百姓而言，已经蔚为可观；在大学校园里当老师，对于平常人家，也算是事业有成，铁饭碗保住了。可是1995年马云却辞去了铁饭碗，建立了中国第一家互联网商业公司。正是由于马云不满足于吃喝，他瞄准了互联网的未来一定会发展壮大，立志要干出一番事业，就是这种不服输的个性让他先后开发了外经贸部官方网站、网上中国商品交易市场、网上中国技术出口交易会、中国招商、网上广交会和中国外经贸等一系列网站。这所有的创业都没让他满意，或者说失败成就了他，此后从北京打道回府，创立阿里巴巴，才让他第一次尝到了成功的滋味。马云的成功就是不甘于饫甘餍肥的生活，他期待的是事业的成功。

雷锋也曾说过："吃饭是为了活着，但是活着不是为了吃饭。"不论是20世纪五六十年代，还是今天的21世纪，活着绝不是为了吃饭这么简单。毛泽东说过，活着总是要有点精神的，中国女排的姑娘们在世界杯中英勇奋战，在2015年世界杯中夺得冠军，就是为国争光的"精神"在激动着她们；韩国足球在世界强队面前突破重围、一往无前地冲进世界前八，在亚洲杯中数次夺得季军，在2012年伦敦奥运会中夺得铜牌……这都是民族精神和民族灵魂在鞭策和激励着他们拼搏，是一种精神在引导着他们。他们活着绝对不是为了吃喝，他们为了活着而吃喝，然后利用这个血肉之躯去厮杀、去拼搏，就是为了争一口气。

下面，让我们以《论语》中的句子以自勉："发奋忘食，乐以忘忧，不知老之将至。"

第六章

世界这么大，还是遇见你

　　有人说，爱比不爱更寂寞；也有人说，爱比不爱更悲伤。青春岁月，谈一场轰轰烈烈的恋爱很有必要，即使最后的爱情归于平淡，留下的温度也能维持婚姻的稳固。春风十里不如你，如果不能在一起，相见不如不见，不见不如怀念，怀念不如遗忘。

第一节　恋爱大师冯唐和苏格拉底的爱情观

嘿！"青春美貌"这种动物比毒蜘蛛还可怕得多。

——苏格拉底

"多情自古空余恨，好梦由来最易醒"，踏一地萍翠，抚一管羌笛，燕子双飞，落花人独立。我们每个人都希望这一生邂逅一段美好的感情，如果不能结成连理，也期望日后想起的时候能使自己逐渐老去的心灵感到温馨。于是，找个美好姿容的、优美身段的恋人成为我们一生最盼望的一件事情。可是，苏格拉底对于挑选恋人这件事情，却有自己独到的看法。

在色诺芬《回忆苏格拉底》里，有一段苏格拉底和色诺芬对于漂亮情人的看法。

苏格拉底说："你以为这奇怪吗？难道你不知道毒蜘蛛虽然不到半寸大，只要它把嘴贴近人身上，就会使人感到极大痛苦而失去知觉吗？"

"当然，"色诺芬说道，"因为毒蜘蛛咬的时候把一种东西注射到人体里面。"

"你这个傻子，"苏格拉底说道，"难道你以为你没有看见，美人儿在接吻的时候就没有把一种东西注射到人里面去吗？难道你不知道人们所称之为'青春美貌'的这种动物比毒蜘蛛还要可怕得多？因为毒蜘蛛只是在接触的时候才把一种东西注射到人体里来，但这种动物不需要接触，只要人看他一眼，甚至从很远的地方看他一眼，他就会把一种使人如痴如狂的东西注射到人里面来吗？"苏格拉底这段话的意思为，人们把爱情称作射手，可能正是因为这个缘故，美人儿可以从很远的地方使人受伤。

苏格拉底又说："和美人儿接吻会带来什么后果？立刻丧失自由而变成一个奴隶，在有害的娱乐上花费很多金钱，被许多事所纠缠而不能把精力用在高尚和善良的事情上，甚至追求那些连疯子都不屑做的事情。"

苏格拉底的这段话意思又引申一步：凡缺乏自制的人对自己或别人都没有好处，或者说不能自制就不能学会或做出任何有适当效果的事情来。

也许有人说，苏格拉底的观念有点陈旧了，谁不喜欢青春貌美呢！爱美之心，人皆有之。古人形容美女时无不穷尽其词"其形也，翩若惊鸿，婉若游龙。荣曜秋菊，华茂春松。仿佛兮若轻云之蔽月，飘飘兮若流风之回雪。远而望之，皎若太阳升朝霞；迫而察之，灼若芙蕖出渌波。襛纤得衷，修短合度。肩若削成，腰如约素……""手如柔荑，肤如凝脂，领如蝤蛴，齿如瓠犀，螓首蛾眉，巧笑倩兮，美目盼兮。"古人喜爱美人的程度到了倾国倾城的地步，为了美人不惜国破家亡的帝王大有人在，于是佛教人士为了国家社稷的安全，劝慰世人说："有心无相，相从心生。有相无心，相从心灭。"说的是不要痴缠于外貌，一切让人迷惑的外表都是从你的内心而生，如果你能做到内心安定，做到无心的地步，就可以断绝痴念，免去情孽。

行走在这个爱恨滔滔、红尘羁绊的大千世界，我们究竟是不是爱美？究竟怎样对待外表美的人？答案各异。为美人失魂落魄，为美人把握不住分寸，做出贻笑大方的事情，就是在历史上留下名姓的大人物也不能幸免。为博千金一笑，烽火戏诸侯的周幽王最终落得自己被杀，国家灭亡；冲冠一怒为红颜的吴三桂为了美女献出山海关，引清兵入关，从而让江山易主；另有妲己之于纣王，西施之于夫差。如果说是美人误国，似乎有把所有脏水都泼到女人的身上之嫌，可是从这些人痛失江山，自己也不得善终的遭遇看，他们的失败和美人又有着必然的联系，如果在位时他们能够清心寡欲，关心社稷，而不是歌舞升平，池酒肉林，那么历史的一页也许就会改写。

作家冯唐最近又大放厥词，直言恋爱就是"找个好看的扑倒"。冯唐把恋爱分为三个阶段：第一阶段是，须做一生拼，尽君一日欢。也就是竭尽全力讨好对方，"第一阶段起主要作用的是肾上腺类激素，起效快，爆发强，持续短"；第二阶段即"在一起就一切都对，一切。不在一起就一切都不对，一切"，也就是时刻腻在一起；第三个阶段即"相见亦无事，别后常忆君"，即激情归于平淡阶段。恋爱大师冯唐虽然对爱情做了如此精确的划分，最初的激情依然会让理智代替。所谓的相见欢，只是最初荷尔蒙的作用，一旦互相熟悉和了解，激情就会平息，两个人也就少了许多的浪漫，最终归于平寂。为了让年轻人认识到外貌的绚丽只不过是激情的催化剂，苏格拉底才说出"青春美貌这种动物比毒蜘蛛还要可怕得多"这句话。

朋友娟是个心理医生，她最近接待了一个为婚外恋烦恼的病人。病人叙述说，他和妻子刚结婚时还算有激情，家庭和和美美。可是随着时间的流逝，少了许多激情，他找了个小三，小三给他带来了快乐，可是他也知道自己对不起家庭，生活在矛盾和内疚之中，他寻求心理医生帮助。

娟告诉他，之所以出现婚外恋，是自己不给真爱一个机会，而是结束真爱到其他地方找补。为了避免这种情况发生，就得自我充实，让生活有目标，有了精神上的互动，才不至于感到心灵上的干涸。实际上，大部分人的婚姻状况都会从浪漫的阶段进化为平平淡淡的阶段，这个阶段就要互相欣赏对方的优点，不要制造事端，故意挑衅。要知道少年夫妻老来伴，最终拉着我们手走向归途的还是枕边这个人，伤害对方其实就是伤害我们自己。在有生的年华里善待对方，临终的时候才会百无遗憾。

下面，让我们用下面的话，来给自己的青春增加正能量：

"有一种最可怕的老去，不是容颜而是心境；有一种最美丽的成熟，不是青春而是思想。忘不掉的是过去，缅怀的是记忆，人生，就注定有诸多坎坷要过，生活还得继续。"

第二节　我爱这哭不出来的浪漫

　　　　如果把世上每一个人的痛苦放在一起，再让你去选择，你可能还是愿意选择自己原来的那一份。

　　　　　　　　　　　　　　　　——苏格拉底

有个年轻人满脸惆怅地来找苏格拉底："苏格拉底，我最近苦闷，因为我的理想总是得不到实现。"

苏格拉底问道："你有什么理想没有实现呢，孩子？"

年轻人："我想有一份好的工作，可是好工作的门槛很高，都是一些有权有势的人在里面占着位置，我进不去；我还喜欢上了一个美丽的姑娘，可是她并不爱我。你说我苦闷不苦闷呢？"

苏格拉底沉思片刻："如果把世上每一个人的痛苦放在一起，再让你去选择，你可能还是愿意选择自己原来的那一份。"

也许，我们会认为苏格拉底有点不近情理，这个年轻人都已经这么苦闷了，他不是找出开解之法，反而说风凉话，怎么还说这种痛苦是对方乐意选择的呢？

我们继续回到这个故事中来，10年后，年轻人通过自己的努力，虽然没有进他所希望的部门工作，却自己经营了一家首饰店，生意红红火火，而他也终于娶了他喜欢的姑娘为妻子。当他再一次遇到苏格拉底的时候，年轻人说："苏格拉底，我终于理解了你曾经告诉我的话，如果把世上每一个人的痛苦放在一起，再让我去选择，我可能还是愿意选择自己原来的那一份。"

苏格拉底告诉我们的，即我们年轻人，不必为眼前的苦难所纠结，因为我们每个人都有一定的抗压能力，当逆境来临时，我们会自然产生适应力，因为我们对痛苦有了适应能力，并能够发挥潜能超越痛苦。有时候，我们自己处在苦中，也会"不知苦"。之所以痛苦，是旁观人的提醒和自己的想象，觉得事情到了这步田地，我多么苦啊！

事实上，有句老话说：有享不了的福，没有受不了的罪。当你身临痛苦的时候，你要放松自己，不要刻意去关注自己得不到的，而是要确立一个小的目标，努力去实现它。当你迈过小目标的时候，就会有一种胜利感和自信，然后再去树立一个比以前更大一点的理想，最后通过努力实现它……在这个过程中，也许你会为处境艰辛、资源不足而苦恼，可是当你跨过去的时候，那份喜悦和幸福难于言喻。

胜利的风景，只有在险峰才能领略。毛泽东有一首言志诗

"暮色苍茫看劲松，乱云飞渡仍从容。天生一个仙人洞，无限风光在险峰"，讲的就是这个道理。当你立在了险峰，你会感激路途上的峻石峭岩。

我的朋友马克喜欢旅游，他是个标准的胖子，大学的时候我们就叫他"河豚"，毕业后他开了家4S店，生意不错，有点闲钱，就喜欢开车到处游玩。现在很多山区风景区修筑了马路，如果不愿意走上山，可以开着私家车上山游玩。可是，马克每一次都把车停在山下，气喘吁吁地爬上去，我们问他是不是减肥，他摇摇头，说道："只有自己亲自爬上山峰，才能够得到快乐和愉悦。"他就是一个宁愿选择"痛苦"而放弃安逸的例子。

前一阵子，我遇到了薛阿姨，她年轻时候由于父亲是国民党军官，成分有点高，为了锻炼一颗红心，随着下乡的大队去了农村，并且在农村找了一个当地的农民结婚。她长得美丽娟秀，知书达理，爱人只是一个老实本分的庄稼汉，两个人育有两个儿子，后来薛阿姨调到了城市上班，她的爱人依旧在农村种地，很多人以为他们会离婚，可是薛阿姨从来没有这么想过，她和爱人在城市买了房子一起居住，农忙的时候，两个人一起回农村收拾庄稼。有一年，薛阿姨的爱人在工地上心脏病猝死，薛阿姨哭得肝肠寸断，我们都看得出，她很爱自己的爱人。爱人去世后，薛阿姨孤零零地一人生活，尽管有很多人给她介绍老伴，她却没有再婚。有一次我问她："你是不是后悔当初下乡插队的经历？如果没有下乡，你可能会有更好的家庭和爱人。"

薛阿姨挥挥手，说："我一点也不后悔我的选择，如果再让我重新活一次，我依然会选择下乡插队，选择遇到他，和他结婚，过一辈子。"

下面，让我们以一首爱情诗，来正视自己的痛苦吧：

在年轻的时候，

如果你爱上了一个人，

请你，请你一定要温柔地对待他。

不管你们相爱的时间有多长或多短，

若你们能始终温柔地相待，那么，

所有的时刻都将是一种无瑕的美丽。

若不得不分离，

也要好好地说声再见，

也要在心里存着感谢，

感谢他给了你一份记忆。

长大了以后，

你才会知道，

在蓦然回首的刹那，

没有怨恨的青春才会了无遗憾，

如山冈上那轮静静的满月。

第三节　温柔男和泼辣女的婚姻也很甜蜜

> 一阵雷电之后就会有一场盆倾大雨的。
>
> ——苏格拉底

克桑蒂贝是苏格拉底的妻子，是附近有名的悍妇，苏格拉底动不动就会遭她无礼谩骂。有一天苏格拉底刚一进家门，克桑蒂贝就对他唠叨不休，接着就是破口大骂，言语不堪入耳。苏格拉底已习惯这一切了，于是就坐在一边抽起烟来，这时克桑蒂贝看到他对自己不理不睬的，更是火冒三丈，气不打一处来，端起一盆子水就是迎头一泼，顿时苏格拉底全身都是湿淋淋的。

旁边的邻居见了他纳闷地问："刚才你老婆骂你，为何不还口了？"苏格拉底不紧不慢地说："我知道，一阵雷电之后就会有一场盆倾大雨的。"

众所周知，苏格拉底的妻子比较泼辣，关于他的婚姻幸福还是不幸福，也是众说纷纭。

实际上，我们已经知道，在苏格拉底临死时，克桑蒂贝是非常悲痛的，她带着孩子一次次探望、哭泣，夫妻情笃可见一般。前文所叙述的那一幕"一阵雷电之后就会有一场盆倾大雨的"，我们也能够看出，克桑蒂贝的性格是非常强悍的，她对苏格拉底说发一顿脾气就发一顿脾气，而苏格拉底却一次次地忍让。有人说，苏格拉底有点窝囊，可是我却认为，苏格拉底的忍让是"乐在其中"的，两个人一个愿打，一个愿挨。苏格拉底用幽默的方式，既给自己解了围，又解释了自己为什么不还口，因为"一阵雷电之后就会有一场盆倾大雨的"。

苏格拉底是理智的，邻居盘问他的时候，他并不觉得"丢了人"，也没有和妻子恼火。他用宽阔的心怀容忍着克桑蒂贝的一次次挑衅，从另一个角度来说，克桑蒂贝对苏格拉底的无理吵闹也代表着自己泼辣的爱。是的，有些女子的爱是温婉的流水，温柔而无声无息；有些女子的爱就是河东狮吼，是吵吵闹闹的。这和人的性格有关，也和两个人相处的方式有关。

胡适的妻子江冬秀就是文学界闻名的泼辣妻子。别看江冬秀是个小脚女人，没有文化，可是她很会维护家庭稳定，为了家庭的安宁不被侵犯，她宁愿和胡适大吵大闹，为此胡适还写了一个新三从四德：太太出门要跟从，太太的命令要服从，太太说错了要盲从。太太化妆要等得，太太生日要记得，太太打骂要忍得，太太花钱要舍得。"新三从四德说"把怕老婆提升到理论的高度，具有里程碑式的意义。

要问江冬秀为何如此跋扈，这里还有一个渊源。胡适和江冬秀是在14岁时定下婚约，直到28岁胡适从国外留学归来才完婚。胡适当时对这桩婚姻是不喜欢的，他学富五车才高八斗，喜欢有文化的女性。可是，他不愿让母亲生气，于是和江勉强完婚。

胡适的婚外恋发生在1923年4月，彼时，胡适因病到杭州疗养，曹诚英正好在杭州省立女子师范学院读书，江冬秀在北京带孩子，写信让表妹曹诚英顺便去照顾。曹诚英隽秀文静，诗书娴熟，和胡适很是情投意合。就这样，两人有了一段婚外情，这段婚外情最终还是被知道了，而此时曹诚英已经怀有胡适的孩子。江冬秀大哭大闹，胡适手足无措，对江冬秀说："曹诚英已经有了身孕，要不我们离婚吧！"

江冬秀更是要死要活了，她拿着一把刀架在儿子脖子上说："离婚可以，我把儿子杀了，再自杀，让你们结婚去！"

胡适彻底被妻子制服了，他好说歹说，发誓赌咒不离婚了，江冬秀才罢休。胡适给曹诚英写信，让她把孩子打掉并绝交，心灰意冷的曹诚英远赴他国去疗伤。

胡适的婚姻就这样保住了，江冬秀经过这件事情后，对婚外恋都极其排斥，而胡适的很多朋友都是浪漫文人，离婚再婚是当时的潮流，江冬秀看不惯这些人，也不让胡适去参加他们的婚礼，这里面就有徐志摩和陆小曼的婚礼。徐志摩和陆小曼都是离婚再婚的，江冬秀最恨这样的人了，她坚决反对胡适参加婚礼，让徐志摩和陆小曼空等胡适一场。

胡适曾说："吾于家庭之事，则从东方人；于社会国家政治之见解，则从西方人。"也就是说，家庭事他赞同东方的观点，社会改革他赞同西方观点。胡适怕老婆在文坛闻名，"胡适大名垂宇宙，夫人小脚亦随之"成为民国七大奇事之一。胡适那场浪漫的婚外恋结束后，和江冬秀生活得和和美美，虽时有拌嘴的情况发生，可是两人的感情是相当好的。1962年，胡适因心脏病病逝，江冬秀悲痛不已，在此后的日子里，回忆胡适成了她的主要生活。

并不是所有的河东狮都没有好的婚姻，胡适和江冬秀，苏格拉底和克桑蒂贝，都是温柔男和泼辣女的婚姻，他们也有自己的幸福。

第四节　有抱负的人，永远是婚恋市场的奇缺货

你越是追她，她越是不让你追上。

——苏格拉底

苏格拉底50岁，额头上沟沟壑壑布满了皱纹，再加上深陷的眼窝，看上去至少60岁。然而，一个18岁的姑娘却疯狂地爱上了他，并且最终成了他的妻子。

一个老气横秋，一个鲜嫩欲滴。对这桩不般配的婚姻，许多人都大感不解。柏拉图终于忍不住了，向苏格拉底打探成功的秘诀："老师，你是用什么方法把小姑娘追到手的？"苏格拉底

老老实实得说："我实在没有工夫研究这个问题，我只是专心致志地做自己的事。"柏拉图不相信，继续穷追不舍："这么漂亮的姑娘，你不追她，她怎么会爱上你呢？"苏格拉底抬头望望天空，说："请看看天上的月亮吧，你越是拼命地追她，她越是不让你追上；而当你一心一意地赶自己的路的时候，她却会紧紧地跟着你。"

自古以来，爱情就是一个谜。说出"上帝死了"的哲学家尼采为爱发疯，杀人狂魔希特勒临死前用颤抖的手结束了新婚妻子的性命，国内著名哲学家金岳霖终生"逐林而居"，民国才女毛彦文初恋失败后嫁给了前民国国务总理熊希龄且夫唱妇随，晚年听说朱君毅去世的消息，写下悼文："为了这个噩耗，使我心乱如麻，旧情复炽，夜间失眠，所有沉淀在脑中往事都一一浮现，那么清晰，那么真实。君毅往矣。我的创痕并非平复……"爱情，有人归之于缘分；有人归之于错的时间，遇到了错的人；有人说"两情若是久长时，又岂在朝朝暮暮？"。

对林林总总的问题，苏格拉底说出了最简明扼要的一点，即："你越是拼命地追她，她越是不让你追上；而当你一心一意地赶自己的路的时候，她却会紧紧地跟着你。"

苏格拉底告诉我们，爱情不必是追花逐月的强求，也不必费尽心机求得美人回眸，爱情往往在你努力的时候，出其不意地来到你的身边，而你越是主动地追，越是得不到。

　　这个世上有很多书教人恋爱技巧、追爱密码。可是，纵观许许多多的书，却不如苏格拉底的这段话讲得透彻。这让我想起了我的一对远房亲戚，论辈份我应该叫他们二舅姥姥和二舅姥爷。他们今年85岁了，二舅姥姥这几年有点痴呆的症状，尽管如此，他们依然情笃如初。二舅姥姥出身为阔家大小姐，和冯国章是直系亲属，二舅姥姥年轻时候相貌端庄，和二舅姥爷相识于军医大学。在那个时代，女孩读的起大学的寥寥无几，大学里的女生更是凤毛麟角，再加上二舅姥姥长得貌美，追逐者不计其数。可是二舅姥姥偏偏选中了一个其貌不扬、常年捂着肚子患有胃溃疡的男生。这个"病秧子"男生日后成了我的二舅姥爷。有人问二舅姥姥为何做出这种选择，二舅姥姥笑着说："我就喜欢他学习好。"就这么几句话，就概括了她为何做出如此选择，因为"他学习好"。二舅姥爷虽然是个病秧子，却是个学霸，每次都考第一，后来他们一起分到了部队医院工作，此时，医院里又多出了几位追求二舅姥姥的医生。二舅姥姥在考察追求者的过程中，发现"病秧子男生"进了眼科后，图精励志，为了给病人做好眼部手术，他没事就拿着一枚绣花针在一块布上练习缝针技巧，左手练了右手又练，很快他就成为了左右手都能开刀的著名眼科大夫，经常到各个医院给医生讲课。二舅姥姥就在那时候动了芳心，主动追求这位"病秧子"医生，两个人终于结成夫妻……

　　这就是我二舅姥姥和二舅姥爷的故事，虽然这段恋爱桥段距离现在已经有60年了，可是它又和我们的生活贴得如此之近，很多恋爱成功的男士并没有刻意地追对方，可是爱情偏偏会垂青于他。有追求、有抱负的人，永远会是恋爱市场的奇缺货，请记住这一点。

第五节　说说外遇这件事

> 外遇如闪电，追不上，留不住。
>
> ——苏格拉底

柏拉图有一天问老师苏格拉底什么是外遇。

苏格拉底叫他到树林走一次，可以来回走，在途中要取一枝最好看的花，柏拉图就充满信心地出去了。两个小时之后，他精神抖擞地带回了一支艳丽但蔫掉的花，苏格拉底问他："这就是最好的花吗？"柏拉图回答老师："我找了两个小时，这是盛开最美丽的花，但在我采下它并带回来的路上，它就逐渐地枯萎下来。"这时，苏格拉底告诉他："那就是外遇。外遇是诱惑，它犹如一道闪电，虽明亮，但稍纵即逝，而且追不上，留不住。"

的确，外遇如闪电，追不上，留不住。近年来，随着社交媒体的增多，手机维信、QQ交友、陌陌等让人眼花缭乱。据统计，现如今80%的外遇都是通过这类网络通信工具发生的，而且随着社交工具的一次次升级，摇一摇就能摇到一个陌生人，于千万人中遇见你所要遇见的人，于千万年之中，在时间的无涯的荒野里，没有早一步，也没有晚一步，刚巧赶上了，那也没有别的话可说，唯有轻轻问一句："哦，你也在这里么？"那种蓦然心动的感触，只需要晃一晃手机就能迅速体会到。不论是摇一摇，还是搜索附近的好友，都增加了人类和陌生人交友的机会，而这也能催生出大量的外遇机会。

大学毕业后，我在一个媒体公司上班。朴小绿是我的同事，是朝鲜族姑娘，长相也就一般，性格很温顺可人，因为她性格好，我俩工作常在一起，所以就成了好姐妹儿，她也经常跟我说心里话。她给我看她男朋友的照片，简直是帅呆了的一个小伙儿，在四川航空公司工作，两人是在网上聊天认识的。看情形两人是奔着结婚的目的来聊天的，朴小绿对他也是满怀痴情，两人已经见过面，确立了恋爱关系。我当时虽然对网络恋爱不看好，也盼望能出现奇迹，希望她能幸福。

过了两个月，正赶上端午节，我去找朴小绿，发现她正躺在被窝里偷偷哭，见了我才说，没想到男人这么不可信，那男友竟然和她交往的同时，还交往了其他几个女朋友，她是在一次探访中发现男友有外遇的。男友见事情暴露一点也不内疚，竟然还说，他不想一棵树上吊死，万一和你成不了呢？所以"狡兔三窟"是他选择女友的方式，他准备从里面找一个最适合自己的结婚。朴小绿的这场"爱情"就此结束，我听了也不知怎么劝她才好，只是说着不关痛痒的话，什么以后会遇到最适合的、不要伤心之类的。

我以为这件事情就这么过去了，孰料过了半年，朴小绿结婚了，爱人就是那个网络上恋爱的男友。听同事们说，本来俩人准备结束恋爱的，那男人听说朴小绿的爸爸是开煤矿的，朴小绿又是独生子女，以后庞大的家产都是由朴小绿继承，顿时觉得众多女友都不如朴小绿更适合自己，于是用尽各种方式去忏悔，求朴小绿原谅。朴小绿本来就对他情意未绝，加上男友一忏悔，她便首先心软了，于是俩人和好如初，结婚也就是水到渠成了。

后来，我因为某些事情离开了那家公司，过了几年在超市购物，遇到了朴小绿和一个年轻帅哥走在一起，朴小绿见了我尴尬地回避了，不想和我相认，我也就装作没看见。晚上朴小绿给我发来了短信，她解释了白天的行为。她说婚后的生活并不幸福，爱人一次次地出轨，她想离婚却因为孩子的缘故一直和对方处于貌合神离的状态。后来，朴小绿也索性想开了，既然爱人能找外遇，那自己也能找，而且还能找到比他更年轻帅气的，就这样，朴小绿也有了新的男友。爱人却碍于朴小绿的家业，只能睁一只眼闭一只眼，婚姻名存实亡……

我问朴小绿找外遇幸福不幸福，朴小绿说："不幸福，真的，就好像一颗心已经空了，拿点什么东西塞进去，可毕竟不是那颗心了。"

我想起来苏格拉底的这句话"外遇是诱惑，它犹如一道闪电，虽明亮，但稍纵即逝。"我本想念给她听，想了想，还是算了。

第六节　爱人的唠叨也是幸福

> 你知道我们是彼此相爱的。当你对我唠叨时，我心里就好受些。你也知道，我甚至乐意听你唠叨……等着吧，我们会在极乐世界见面的，在那里我将报答你一切。
>
> ——苏格拉底

前面我们说过，苏格拉底的老婆克桑蒂贝是个动不动就无礼谩骂的人。苏格拉底在最闹心的时候，甚至说了一句：坏老婆让男人成为哲学家。无意中，把自己开了一下玩笑。但是，我们是不是由此就能断定，苏格拉底就一定非常不幸呢？这段婚姻是不是就没有保留的可能呢？

回答是否定的。当古希腊的法庭因为"无神论"和言论自由宣判苏格拉底死刑时，克桑蒂贝来到他床边，穿戴得整整齐齐，头发挽成一个黑亮的发髻，整个面目显示出一种庄重的气质，悲伤中保留着体面。她对丈夫说："过不了多久我就会去找你。"

苏格拉底看着妻子，多年的亲情让他意识到，这个女人虽然和自己吵了一辈子，可她是深爱自己的，就像自己也深爱着她一样。临刑前，苏格拉底教诲儿子说："对妈妈要和气……"他把妻子披散下来的一小缕头发放回原处："你知道我们是彼此相爱的。当你对我唠叨时，我心里就好受些。你也知道，我甚至乐意听你唠叨……等着吧，我们会在极乐世界见面的，在那里我将报答你一切。"

俗话说，清官难断家务事。生活中，我们也经常看到一对夫妻吵了一辈子，却也恩爱和睦，没有离婚；有的夫妻郎才女貌，看起来很般配，爱情也有过漫长的追索，终于结成连理，可是结婚没几年就以离婚收场。对此，俄国作家托尔斯泰也曾经说过："幸福的家庭是相似的，不幸的家庭各有各的不幸。"

如果把托尔斯泰这句话套在苏格拉底的婚姻上，我们应该改成：幸福的家庭各有各的幸福，不幸的家庭也各有各的不幸。的确，幸福的家庭并不一定相似，它有着各种各样的表现形式。有的夫妻关系就温婉和顺，从来不拌嘴争吵，也是一种幸福。众所周知，娱乐界是个大染缸，结婚离婚几乎成了家常便饭，闹绯闻的层出不穷，可孙俪和邓超就堪称一对模范夫妻，两人时不时在各自的朋友圈晒晒幸福，带着孩子出游秀恩爱，婚后几年你唱我随，和和美美；而另一对明星夫妻搭档谢娜和张杰就比较爱争吵了，一向忙碌的两人很少有闲暇的时刻，有一天好容易聚在一起，谢娜和张杰却为了先吃饭还是先逛街的事情吵了起来，最后吵得比较凶，靠何炅来解围劝架才和解。事后鬼灵精怪的谢娜提出了一个吵架处罚条约，如果再为这些小事争吵的话就罚款，一次1000元。谢娜和张杰虽然争争吵吵，小俩口却从来没有闹出过离婚、第三者之类的绯闻，这说明，吵闹的夫妻也可组成和美的家庭。

说起争吵不断却恩爱的夫妻，我表妹小丽两口子就是一对吵不散的冤家。有一次两人为了养不养狗的事情又争吵起来，一个喜欢小动物，一个嫌养猫养狗弄脏了屋子，这事一直吵到半宿也没个结局，为此气得小丽的丈夫王军去外面喝酒消气，回家后已经半夜12点了。掏钥匙开门时，看到门上贴着一张纸条：你必须向我道歉！

王军愤愤地想，你还没跟我道歉呢！进门后，发现门背口又贴着一纸条：我不喜欢养狗，会弄脏屋子。

王军又一次气上心头，这还在怄气呢！进屋后换拖鞋，拖鞋上又有一个纸条：养个屁！王军气呼呼地穿上拖鞋，心想：要我道歉，下辈子吧！我坚决养条狗的。

王军去洗手间洗漱，看到口杯上又有一个纸条：你要养狗，先给我挤好牙膏。王军转怒为喜，知道小丽终于答应养狗了，赶紧给小丽挤好牙膏。两口子就这样和解了。

第七节　婚姻是一种理智

> 这就是婚姻，婚姻是一种理智，是分析判断、综合平衡的结果
>
> ——苏格拉底

婚姻是人类繁衍和生存在这个世上的表现形式，中国飞人刘翔和葛天在2014年9月份结婚，婚后不到一年，即2015年6月25日，刘翔发布声明两人离婚。刘翔说："我十二秒能跨十个栏，但却跨不过天长地久这道槛。"

看来，婚姻这道坎，对于芸芸众生来说，是那么难以解释。有时候我们看一对夫妻是那么不般配，可是却能白头到老；有时候一对夫妻看似金童玉女，处处般配，却闪婚闪离。婚姻对于我们究竟意味着什么呢？

柏拉图有一天问老师苏格拉底什么是婚姻。苏格拉底叫他到杉树林走一次，要不回头地走，在途中要取一棵最好、最适合当圣诞树用的树材，但只可以取一次。

柏拉图充满信心地出去。半天之后，他一身疲惫地拖了一

棵看起来直挺、翠绿，却有点稀疏的杉树。苏格拉底问他："这就是最好的树材吗？"柏拉图回答老师："好不容易看见一棵看似不错的，又发现时间、体力已经快不够用了，也不管是不是最好的，所以就拿回来了。"这时，苏格拉底告诉他："这就是婚姻，婚姻是一种理智，是分析判断、综合平衡的结果。"

是的，婚姻就是一种理智。东汉班固等编撰的《白虎通》说："婚者谓昏时行礼，故曰婚，姻者妇人因夫而成，故曰姻。"先秦的礼仪选集《礼记》则说："昏礼者，将合二姓之好，上以事宗庙，而下以继后世也。"可见，婚姻在古代也是一件很重要的事情。古时人们结婚，不仅仅要查对方的门楣声望，看看是不是门当户对，对方的家庭是否传出过不好的名声，还要对照两个人的生辰八字，看看八字是否犯冲。

婚姻这件事情很重要，甚至可以追溯到原始时代，彼时尚在愚昧阶段的原始人类就有了婚姻的形式，自然法则以用异性相吸的力量，使哺乳类生命繁衍生息。后来随着文明的进步，原始人类一步步从愚昧的杂婚阶段到了今天的一夫一妻制。

苏格拉底之所以说婚姻是一种理智，就是说婚姻这种形式，随着原始人类几万年的进化，一步步过渡到了今天的理智阶段（一夫一妻），这个过程颇为不易。《吕氏春秋·恃君览》中说："昔太古常无群矣，其民聚生群处，知母不知父，无亲戚兄弟夫妻男女之别，无上下长幼之道，无进退揖让之礼……"《列子·汤问》说："男女杂游，不媒不聘。"《管子·君臣》：
"昔者未有君臣上下之别，无有夫妇配匹之合，兽处群居，以力
相征。"这些都是原始社会杂婚形式的真实写照。中国古代有许
多"圣人无父，感天而生"的神话传说，如女登与神龙接触而生
炎帝，附室见大龟绕北斗而生黄帝等，这些传说听起来比较荒
诞，却反映了最初不知其父的杂婚状态。

原始社会的杂婚之后，就是群婚。恩格斯认为，群婚是最
古老的家庭形式，群婚与杂婚相比，稍有进步。群婚之后，人类
又进入对偶婚阶段。即一个男子以一群女子为妻子，其中有个主
妻；反之，一个女子也有一群男子为夫，其中有主夫。现在，在
中国的云南还有摩梭人维持"走婚"的形式，其实就是对偶婚的
残留形态。

上述的各种婚姻形式都发源于原始社会，直到文明的出现，
部落和国家等社会组织之后，婚姻又成了一种政治筹码。国家和
国家之间通过婚姻联接友谊，比如汉成帝时，宫女王昭君嫁给匈
奴单于呼韩邪为妻，通过婚姻来达到政治目的。到了小农经济社
会中，婚姻则是一种劳动的分工组合，即所谓"男耕女织"。而
在现代社会中，婚姻则是为了组成一个家庭，在满足人的正常生
活需要的同时，承担为家族和社会养育后代的责任和义务，这也
是人的一种归宿。

可以说，正是人类的一次次进步，才有了今天婚姻的稳定，

今天的婚姻形式是保障个人财产和家庭稳定的最佳方式。所以，婚姻是一种理智，需要我们好好地遵守婚姻的律条，维护好我们的婚姻。

第七章

我叹世事多变化，世事望我却依然

很多人不快乐，因为总觉得过去太美好，现在太糟糕，将来又太飘渺。我们既然已经降生到这个嘈杂、烦恼的尘世，就要适应它，慢慢地融进去。即使最初有阵痛和苦涩，也比消极遁世好得多。

第一节　成功的人都会借势

> 真正高明的人，就是能够借助别人的智慧，来使自
> 己不受蒙蔽的人。
>
> ——苏格拉底

每个人傲立于世，都不可避免地有顺畅时的凌云风光，也有低落时的幽谷徘徊。有羽扇纶巾、意气风发的英明果敢，也就有蒙昧愚钝、难得糊涂的恍惚痴顽。能借势，能在人生的低谷里利用别人的智慧来挣脱泥潭，是一个人的聪明之处。为此，苏格拉底说："真正高明的人，就是能够借助别人的智慧，来使自己不受蒙蔽的人。"

苏格拉底这句话有两层意思：第一层是，不要固步自封，擅长学习别人的智慧，使得自己进步，这是这句话的本义；第二层是，我们要知道自己的无知，不要自满，只有知道了自己的无知，才能进步。关于这一点，苏格拉底也数次说：我比别人知道得多的，不过是我知道自己的无知。自知自己的无知，是苏格拉底哲学的一个重要部分，他以自己的无知而自豪，并认为人人都应承认自己的无知。在这里要重点说的是，苏格拉底为什么会被

控告并判处死刑，从很大程度上来说是与他整天追逐在别人的屁股后问一些稀离古怪的问题有关。苏格拉底用诘问方式直到把对方说得哑口无言才罢休，他说自己就是个"助产士"，通过发问让回答者自己寻找答案。在苏格拉底的辩证法与问题面前，被问者感到无所适从，感到一次又一次地被羞辱、被嘲弄，直至后来苏格拉底被判有罪也是因为祸从口出，这也许就是哲学家的悲哀之处。

关于"借势"，就是利用别人的智慧让自己受益，这里面就有我国的思想家老子。老子曾说：上善若水顺势而为，就是说有道德的人就像水一样，能够顺应"势"做出一番事业。老子还说"顺势而为，借势而止，言行自然，则合于道"，这也是说借用别人的势利要适当，要合乎自然。所谓的"势"，就是苏格拉底说的"别人的智慧"，高明的人能够借用别人的势力使得自己也变得聪明。国有国势，家有家势，一个企业领导人必须要懂得借用别人的势来达到自己事业的成功。这需要把握的"势"有三各方面：

第一，社会发展大势。

第二，行业发展大势。

第三，自身企业的发展大势。

三流企业做事，二流企业做市，一流企业做势。

牛顿曾说："我看得更远一点的话，是因为我站在巨人的肩膀上。"牛顿的意思为：我的研究成果，是前人的智慧基础上形成的，如果没有借鉴别人的经验，那么我也是个普通人。

我国古代有草船借箭的故事，在这里我们以正史《三国志》为准，《三国志》借箭的主角是孙权，孙权坐了一条大船从濡须口进入曹操军水寨前，曹操下令射箭，万箭齐发，都射在了孙权的船上，船就向一边倾斜，于是孙权便下令掉头，使"箭匀船平"，然后，孙权满载而归，带着射满箭的船回去了。这件事后来被罗贯中移花接木，变成了赤壁之战诸葛亮"草船借箭"的故事。且不论原型是谁，单是这借箭一事，就是一件借势而为的行为。

有一句话是说："没有人欠你一份工作，更没有人欠你一份事业，我们置身在成功和失败都以十倍速进行的时代，在这样混乱与变化的时代，机会不断涌现，却又瞬间消失。"所以，我们要吸取前人的经验，必须懂得利用他人的智慧，让自己的头脑也聪明起来。俗话说，跟着苍蝇找厕所，跟着蜜蜂找花朵。在借助他人智慧的同时，选好对象不盲从，找一个有智慧的人为人生的导师也是很重要的事情。当然，这就属于另一个话题了。

第二节　不要只顾肉体，还要保护灵魂

不要只顾肉体，还要保护你的灵魂。

——苏格拉底

苏格拉底是西方哲学史上第一个具有系统思想观的哲学家，他提出"灵魂"的概念，是早期唯心派的代表，他的"不要只顾肉体，还要保护你的灵魂"让唯心和唯物对立起来。在他之前的哲学家，有的还将灵魂看成是最精细的物质，到苏格拉底才明确地将灵魂看成是与物质有本质不同的精神实体。在苏格拉底看来，事物的产生与灭亡 不过是某种东西的聚合和分散。他将精神和物质明确对立起来的观点，成为哲学史上的滥觞。

曾有朋友去雅典旅游，看到了苏格拉底曾经坐牢的监狱。关闭苏格拉底的地方是一个石壁，不太宽，三扇铁栅栏门后，是三个石室，即石头洞穴。三个石室前壁上，都留有凹孔，这些凹孔说明石室外过去是有附属建筑的。就是在这个石室里，苏格拉底度过了他的最后岁月。在这里，他安慰过哭泣的妻子克桑蒂贝，哄过自己的孩子；在这里，他接待柏拉图、克利托等学生们，向他们谈关于肉体和灵魂的最新思考成果。苏格拉底最得意的门生柏拉图记叙了老师苏格拉底临终前的思想，为此他写了不少专门记载苏格拉底临终谈话的篇章，在《申辩篇》里有这样一段描述苏格拉底："我像一只牛虻，整天飞来飞去，到处叮……我到处走动，没有做别的，只是要求你们，不分老少，不要只顾你们的肉体，而要保护你们的灵魂。"

不要只照顾你的肉体，而要保护你们的灵魂。这句话的字面意思很容易理解，不要只顾着肉体的享受，还要照顾你的思想，要时刻注意你的灵魂，不要做没有思想的行尸走肉。这句话的字面意思就是如此，可是一个哲学家的思想是无比深邃的，要是只从字面意思去理解哲学，那么也就不会有许多后来之辈研究苏格拉底及弟子创立的哲学系了。苏格拉底数次说过认识你自己，他经常将哲学家与医生做对比，他说哲学家能治愈人们最严重的疾病——头脑的无知，这也是今天心理医生（psych-iatrists）一词的由来。

苏格拉底主张人的身体是为灵魂的监狱，而身体与灵魂之间是很难调和的，这种区分方式一直到今天还经常被提起。苏格拉底也将自己形容为一名心灵的助产士，要帮助其他人培育出正确的哲学思想。在苏格拉底之前，是探究自然哲学占上风的时代；苏格拉底之后，是探讨人类灵魂的时代。可以说，苏格拉底把哲学思想从天上拽到了陆地，开始接地气地研究人类灵魂的概念。所以说，苏格拉底的"不要只顾肉体，还要保护你的灵魂"对于后世的哲学家具有重要意义。

苏格拉底最出类拔萃的弟子柏拉图后来继承发扬了老师的学说，并且进行了更深层次的探讨，即"形式主义"的鼻祖由此而来。因为苏格拉底的"肉体""灵魂"学说，柏拉图把世界分为两部分，即智慧和感觉。运用老师的理念分析，柏拉图认为，自然界中有形的东西是不确定的，而理念是永恒的。比如我们称呼为"人"，人这个理念是不变的，但是具体没有指出是哪个人。

所以，我们说"人"时，代表了两个部分：一个是人的属性(不变)；一个是特定的人，会死亡、会腐朽。

"白马非马"是中国古代逻辑学家公孙龙提出的一个著名的逻辑问题，即马是一个形态，白马是指的颜色，形态不能等于颜色，所以白马非马。这种逻辑诡辩论和苏格拉底的灵魂和肉体分开是具有一定联系的，虽然两者分别属于东西方，可是在两千年前民智初开的阶段，能够同时指出"形态"和"理念"的区别，可以说是一种伟大的巧合。

作家古龙也曾有一句名言：白马非马，女朋友不是朋友。他的这句话也是把形态(即颜色、性别)和理念进行了分离。看来，一个哲学家的思想是无比深奥的，我们学习哲学就要从深层次理解哲学家，作为古希腊最伟大的哲学家苏格拉底，他的"不要只顾肉体，还要保护你的灵魂"，可以拓展出无穷的意义。学海无涯尔生有涯，学习是一件深入思考的事情，不要人云亦云，多看书，多思考，只有深入再深入地学习探究，才能让自己的人生与众不同。

下面，让我们用卓别林写于70岁生日的一首诗以自勉：

当我开始真正爱自己，

我明白，我的思虑让我变得贫乏和病态，

但当我唤起了心灵的力量，

理智就变成了一个重要的伙伴，

这种组合我称之为，

"心的智慧"。

我们无须再害怕自己和他人的分歧，

矛盾和问题，

因为即使星星有时也会碰在一起，

形成新的世界，

今天我明白，

这就是生命！

第三节　未来的你，一定会感谢现在的坚持

只期盼少许，才能接近最高的幸福。

——苏格拉底

渴望成功是大部分人所拥有的心态，既然背负着生命这个沉重的任务，就要不停地与时俱进，步步不停息地迈进，才有可能抵达美好的彼岸。对此，苏格拉底说："只期盼少许，才能接近最高的幸福。"

苏格拉底的这句话有两层意思。第一层是这句话的表象，即一个人要少欲望，不奢华，期盼得少一些，就能幸福，也就没什

么烦恼了。苏格拉底平时是个极其简朴的人，不修边幅，吃得也很简单，他到处游说哲学思想却不收钱，所以家里没多少积蓄，他的妻子经常为此和他争吵。他把一切身外之物都看得很淡，以身作则，期盼少许，将更多的时间用在研究学问方面，他的幸福建立在思想的深邃上面，只要体会出了新的思想，他就是幸福的，至于吃的喝的，倒是其次。

第二层是指在追求事业的过程中，不必太执着于结果，也不必太看重自己在这个过程中得到了多少。只有不停息地努力，才能体会到更大的幸福。要了解他的这一层更深奥的思想，我觉得新东方的创始人俞敏洪就是一个具有代表性的例子。

俞敏洪生长在江苏省一个农村的家庭，他天资并不聪明，在78、79、80年前后考了三年大学，才考上北京大学。在北京大学的学生里他是穿得最穷酸的一个，说着家乡话，背着行李，眼神充满了怯懦和不自信。更让他惶恐的是，他英语听力太差，一句也听不懂老师的讲课，为此他天天背诵英文单词，一天学习16个小时，后来还染上了嗜背英语单词如命的"毛病"。当年的俞敏洪背下了惊人的8万个单词，即使如此，在高手如林的北大，他依然在班里的排名是倒数第五名。

俞敏洪说，当年他之所以被留在北大，是由于学校匮乏师资力量，别的同学有的深造去了，有的去了更好的单位，就他茫然无措，于是在学校扩大师资的背景下，他这个倒数第五不怎么样的学生也就留校任教了。对于一个穷山村出来的农村孩子能在北京教书，已经让他很开心了，以后的日子他继续深入学习，编撰英文词典，并且做了课外兼职，直至新东方成立。

在俞敏洪的成长经历中，他认为自己的成功不是好高骛远，也没有奢望一步登天。他在演讲中说："比如说我高考落榜。当时想着一定要考进大学，但没想过进北大，所以就拼命读书。有的时候你会发现你低着头一直往前走，目标就会在你的后面。所以，当我拿到北大录取通知书的时候，真的是仰天大笑然后嚎啕大哭，跟范进中举一模一样。但如果当时没有坚持的话，也许我现在仍然只是一个农民的儿子……"

俞敏洪上大学期间，患了肺结核，医生让他休息一年，俞敏洪在后来的讲话里说："因为我在大学一二年级，想要追赶我的同学就是我的精神支柱。但是到了三年级，病了一年后我完全改变了，我觉得活着就挺好。然后，我就给自己订了一个最低标准，至少保证大学毕业拿到毕业证书，最后国家给我分配一份工作就挺好。虽然我并没有放弃努力，结果反而获得一个更加开阔的心胸。所以，到现在为止我学会了永远不要去比，因为总有比你更加优秀的，也总有比你更加落后的。"

"大学毕业的时候，每个人都要上去讲一段话，比如后半辈子怎么过，我就上去讲了这么一段话：我说，同学们大家都很厉害，我追了大家5年没追上，但是请大家记住了，以后扮演一个骆驼的同学肯定不会放弃自己，你们5年干成的事情我干10年，你们10年干成的事情我干20年，你们20年干成的事情我干40年，实在不行我会保持心情愉快、身体健康，到了80岁后把你们一个个送走了我再走。这是我个人保持到现在的人生态度，而我认为这种人生态度对我来说非常有效。"

俞敏洪的谈话和苏格拉底的"只期盼少许，才能接近最高的幸福"有共通之处。他并不是教你不要进取，也不是教你颓废淡泊名利，他教你用正确的目光看待自己走的路，如果你赶了半天依然追不上同学的步伐，你也不要谴责自己，你只要努力了，最后你的汗水迟早会回报于你。成绩不代表什么，你努力的同时给了你能量，这种能量会成就另一个不一样的你。

第四节　逆境是最高学府，难题是智慧之门

逆境是人类获得知识的最高学府，难题是人们取得智慧之门。

——苏格拉底

"逆境""难题"是如今的成功学家们经常谈论的话题，或慷慨激昂，或滔滔陈辞。逆境，难题之所以让人回味时念念不

忘，就是因为逆境使我们获得了更多的知识，难题让我们的智慧随之增长。

事实上，每一个伟大的人，在通往成功的路途上都遇到过各种逆境和难题。马云在通往成功的路途中，经历了无数的失败，是逆境成就了他的辉煌。我们可以逐一分析下马云的励志经历，试想想，如果换做我们，是不是就一蹶不振。

第一，高考失利。

马云经历了3次高考，看起来头很大应该比较聪明的马云，偏偏对数学没有逻辑思维。第一次高考数学考了1分，第二次数学成绩是19分，这两次糟糕的考试成绩让马云曾经放弃过高考的梦想。马云觉得高考太难了，数学题也太深奥了。他有过放弃的念头，他的父亲见马云无心继续高考，就给他买了一辆三轮车，让马云去给一家文化单位送报纸。在送的报纸中，马云发现夹带着一本路遥写的《人生》，马云把这本书看完了，感触很深。他想，还是要参加高考，只有参加高考才有出路，才能向书中的高加林一样改变人生。于是，马云经历了第三次高考，这一次数学考了89分，虽然总分还差5分，可是由于学校的英语招生名额未满，于是破格录取一些英语出众的学生，就这样马云步入了杭州师范的大门。逆境让马云懂得了大学生活来之不易，他努力学习自己爱好的英文，经常在杭州某个酒店门口等待国外友人，免费当他们的向导以便跟他们学习英语口语，超常的英语能力锻炼了马云以后开翻译社的能力。正是逆境锻炼了马云的心智，难题增长了他的智慧，他得以在大学里脱颖而出，每一次英语都位于系前五名。

第二，长相不佳。

马云长得不好看已经是公认的事实。他曾经参加过30多次面试，都以失败而告终。他参加警察的招聘，5个应试者里面录取了4个，他是唯一被拒绝的；参加肯德基服务员的面试，24个人录取了23个，唯一被拒绝的还是马云；在阿里巴巴创建期间，他到处游说投资商，却因为奇辩的口才和诡异的长相被人误以为"骗子""搞传销的"。即使如此，马云依然在大学里和校花谈了一场恋爱，成为校学生会主席……他一次次被拒绝，因为长相被藐视的经历曾经是他心坎上的痛，可是逆境让他懂得了成功就是无数个失败累积起来的，因为长相不佳引起的"难题"让他更加珍惜诚恳相助的投资商，直到后来软银公司的孙正义给他投资2000万美元，马云终于在逆境中成长为世界首富。

第三，马云第一次创业的翻译社不能盈利。

马云师范毕业后，在杭州电子科技大学当了一名教师，由于英文口才颇佳，他和朋友创办了一家海博翻译社，第一个月收入700元，而房租是2400元。为了维持事业，他只好把翻译社一半门面出租，自己又兼职去义乌批发了袜子等生活用品来卖，受尽了人间白眼。逆境让马云懂得了小商贩和销售商的艰辛，为他以后创办电商平台准备了智慧和经验。

第四，雾里看花水里望月的互联网。

1995年年初，马云在做翻译期间跟着客户去了美国洛杉矶，顺便跟着客户去西雅图第一个ISP公司VBN参观，第一次接触到了互联网的概念。彼时，马云并不懂电脑怎么用，可是他看到了里面所蕴藏的商机，回到杭州创立了中国黄页(中国黄页主要为企业宣传，店铺宣传，产品宣传发布广告)，可是那时候的商贩老板并不了解网络的概念，马云首先要解决的就是让人相信世界上有互联网。

那时候，马云的日子可谓是"愁云惨淡万里凝"，他每天出去跟人讲互联网是什么，马云本来口才绝佳，可是人们并不相信他，以为他在吹毛求疵。彼时的逆境让马云急于证明给人看，后来他终于证实了，人们开始相信世界上还有网络这么一回事。彼时的一道道"难题"促进了马云的成长。

第五，闭门羹是家常便饭。

1996年，马云去某部门推销中国黄页，得到的答复是："你预约了吗？"

对方以为马云就是个上门推销的推销员，彼时的马云仍然是一副瘦弱的外表，留着八分头，背着一个单肩包，一副风尘仆仆的模样，很多人没把他放在眼里。逆境让马云品尝到了创业的艰难，可是他没有放弃。

马云说："男人的胸怀是委屈撑大的。"苏格拉底说，逆境是人类获得知识的最高学府，难题是人们取得智慧之门。我们生活于世，工作中免不了有各种烦恼。同事的排挤、主管的批评、小人的陷害……甩手辞职的人永远成不了大气候，只有忍住委屈，有了泪背着人流转身的时候，全新的你会让世人震惊。

第五节　跑"应跑的路"不易，"跑到尽头"更困难

> 许多赛跑的失败，都是失败在最后的几步。跑"应跑的路"已经不容易，"跑到尽头"当然更困难。
>
> ——苏格拉底

曾有年轻人向苏格拉底请教，他想做一番事业，怎样尽快地取得成功。苏格拉底教诲这个年轻人说："许多赛跑的失败，都是失败在最后的几步。"跑"应跑的路"已经不容易，"跑到尽头"当然更困难。

细细深究这句话，我们不难发现，苏格拉底不仅是个哲学家，他还是一位"成功学"的导师，他一生教育了不少年轻人奋发向上，也说出过不少类似的催人上进的至理名言。实质上，苏格拉底一生也是如此要求自己的，在被判处死刑的最后一个月，

他本来有逃生的机会，他门下也有很多有钱的贵族，比如他忠诚富有的朋友克里多已经准备了钱帮助苏格拉底逃难。可是，苏格拉底毕竟是一位有着崇高思想的哲人，他认为他不应该破坏城邦的法律，即使制裁是错误的，他也要遵守。可以说，苏格拉底对于国家刑法是拥护的，"如果一个城邦已公开的法律判决没有它的威慑力，可以为私人随意取消和破坏，那么这个城邦就难以生存"。苏格拉底面对死亡的这份坦荡成就了苏格拉底的名望，虽然对方用法律武器杀了他，他依然维护对方的权利。如果当年他逃跑，古希腊政府在也不会在短短一个月后为其平反，并在广场上雕塑他的石像让人纪念。

西汉刘向曾在《战国策》里说："行百里者半于九十。此言末路之难也。"这句话的意思是，走一百里路，走了九十里才算是走了一半。比喻越接近成功越困难，越要认真对待。在接近胜利的路途上，不知有多少人绊倒在成功的前夜。黎明前的黑夜是一天中最黑的时刻，只有冲出最黑的这一刻，曙光才会到来。

2014年在我国厦门举行的马拉松比赛上，一个小伙倒在了冲刺前的场地上，这个小伙子在邻近终点时，看到有赞助商在提供面包，就拿了一个边吃边冲刺，就在这时他不小心误吸了面包造成食物堵住了气道，本来他的体力透支已经极度缺氧，再误吸发生了窒息，等到医生赶到时，他已面色苍白，手脚乱舞，人已经失去意识。多亏抢救得当，保住了性命。如果临近终点时不吃面包，也就不会发生这种状况，冠军也就非他莫属。这个小伙子就像苏格拉底所说的：失败在最后的几步。跑"应跑的路"已经不容易，"跑到尽头"当然更困难。

"出师未捷身先死，长使英雄泪满襟。"历史上，有多少聪明练达之人，在最后关头失去了主张，手脚忙乱，失败于最后的时刻；但也有多少人能够在最后关头，拿定了主意，临危不乱而大功告成。公元前2年，韩信在井径摆下背水一战的战局，率领几万人对抗赵国陈余的二十万大军。为了鼓舞士气，韩信的部队后面就是滚滚的河水，一旦战败就是死路一条。韩信对将士们说："今日破赵会食！"（意思是说，今天打败了赵军好好犒赏你们吃一顿），在这种士气的鼓舞下，韩信的军队英勇顽强，再加上赵军的轻敌，韩信势如破竹，一边抗击赵军一边另走水路攻打赵军空壁，就这样二十万赵军竟然不敌韩信几万的军队，而且韩信的这批士兵中有很多没有受过训练，竟然出奇地顽强。背面临水战败也是死，在这种情况下不如拼死抵抗，就这样赵国灭亡了。

韩信就是一个能够在最后关头临危不惧越战越勇的将军，在兵力不足且很多士兵属于杂牌军的情况下，他故意让士兵排列在滚滚的泜水前面，置之死地而后生，置之亡地而后存，激发了士兵的潜力，从而大胜。在最后的关头，韩信挺住了，而赵国的大将军陈余却由于轻敌慌乱了马脚。如果在最后的几步，陈余能够听取谋士广武君的计策，"隐蔽小路拦截他们的粮草，深挖战壕，高筑营垒，坚守军营，不与交战"。胜利者将会是赵军。陈余的刚愎自用和骄傲自大导致了赵国最后的灭亡，而韩信在最后关头的背水一战，为汉王朝的创建立下了汗马功劳。

最后一步很重要，不论是赛跑、作战还是我们的事业、学业，能够坚挺到最后的，即使历史书不会载有你的姓名，你也能够在自己的人生旅途中超越自我，战胜惰性，你的路途将会越走越顺畅。即使是黑暗，也有一盏灯在照耀着你；如果你畏惧了、放弃了，黑暗如影随形，你将永远走不出黑夜，或者逃避现实麻醉自我，或者一生抑郁空虚。这种日子，我相信你并不想过。

跑"应跑的路"已经不容易，"跑到尽头"当然更困难，请让我们谨记苏格拉底的教训，好好规划自己的一生。

第六节　走到哪一个阶段，就该喜欢哪一段时光

> 生活是追随与欣赏生活中的每一次美丽。
>
> ——苏格拉底

有一天，柏拉图问老师苏格拉底什么是生活。

苏格拉底让他到树林走一次，可以来回走，在途中要取一枝最好看的花。柏拉图有了以前的教训，又充满信心地出去了。

　　过了三天三夜，他也没有回来。苏格拉底走进树林去找她，最后发现柏拉图已在树林里安营扎寨。苏格拉底问他："你找到最好看的花了吗？"柏拉图指着边上的一朵花说："这就是最好看的花。"苏格拉底问："为什么不把它带出去呢？"柏拉图回到老师："我如果把它摘下来，它马上就枯萎。即使我不摘它，它也迟早会枯萎。所以我就在它还盛开的时候，住在它边上。等它凋谢的时候，再找下一朵。这已经是我找着的第二朵最好看的花。"这时，苏格拉底告诉他："你已经懂得生活的真谛了。生活是追随与欣赏生活中的每一次美丽。"

　　生活是追随与欣赏生活中的每一次美丽，不论处于顺境还是逆境，我们一定要好好地过好属于我们的一天。生命看似漫长，其实它很短暂，就好像大自然的规律，花开花谢，都随着时间而消亡。如果我们每个人的生命以100年来计算，我们一个人最多也就活36550天。3万个日子，就好像翻日历，3万多页日历，很容易就能被翻完的，只有善待自己，善待生活，努力上进，把平常的日子过得欣欣向上，坏的日子就永远不会来找我们。

　　我想起了朋友讲的一个故事。她生二胎的时候，从家政公司请了一个保姆，那保姆叫小夏，是一个农村的姑娘，家里穷，读不起书，就跟着家乡的农民来城市打工。那时候还是90年代，小夏一个月600元的工资，每天都哼着歌，开开心心地给她们一家人做饭，给孩子洗尿布，晚上老大还跟着小夏睡。有一天，朋友看她无忧无虑的样子，就问她，"为什么这么开心，难道不想家里的亲人吗？"

小夏是个直肠子，有什么就说什么。

她说她之所以开心，就是因为一个月600元工资。要知道，在家乡小饭馆打工的时候，她一个月才挣300元。城里就是好，工资高，吃得好。小夏露出一脸的幸福。

原来小夏就是为了600元的工资而开心啊！我朋友见她也算是个聪明人，就说，你挣600元就这么开心，不如学点技术，以后可以挣1000多元。

1000元！这个工资对于小夏来说简直让她眼红，小夏向朋友讨教，我朋友说她可以学学打字什么的，在一些复印公司干活或者去一些公司当技术人员。

小夏就去培训班花了1000元钱学了打字。两个月后回来很快就找了一份1000元打字员的工作，小夏悠哉悠哉的干了半年，直到自己的一个同事辞职去了一家技术咨询公司上班，她才知道技术公司的月薪竟然达到了3000元。在90年代，3000元是个令人瞠目结舌的数字。小夏毅然辞职，去了北大青鸟学了编程，8000元的学费花得也颇心疼，好在终于毕业了，她却找了一份2000元的工作，因为没有经验，她工作得很努力，一年后业务熟练了，工资涨到了3000元，她终于拿到了自己梦想的3000元的工资。她很开心，去一家肯德基为自己犒劳了一顿，然后她又听说PHP市场比较大，又自学了一段时间的PHP，跳槽进了另一家公司，月薪涨到了5000元。此时已经是21世纪，5000元工资对于一般大学生已经不再是高薪，可是对于她，从保姆做起的初中生来说，已经很了不起。每一次回到家乡，她都会给朋友和父母买很多礼物，那是她最开心的时候。随着工作的拓展，她又去学习了iOS，学成后拿到了8000元的薪水……去年我朋友和她打了个电话，想找个保姆照顾卧床的婆婆，顺便问她月薪多少了，她的回答是两万，并感谢朋友当年的建议，让她从打字员做起，终于有了今天，买了车房，嫁了事业成功男。朋友问她一路走来，觉得难不难、苦不苦，她潇洒一笑：我挣600元保姆费的时候一直很开心，因为比我在家乡当服务员多一倍；后来我做打字员的时候拿着1000元的工资，我也开心；再后来做程序员拿着3000元工资的时候，我也开心；到现在做技术拿着两万的工资，我也开心，我没有一次是觉得苦的……

朋友跟我说，虽然是一个普通的励志故事，可是纵观她的每一次飞跃，都是有开心相伴的。看来，努力这件事情并不是咬着牙齿，痛定思痛那样艰难，只要走的路是向上的，每一步都是欢喜的……

让我们再一次回味苏格拉底的这句话吧："生活是追随与欣赏生活中的每一次美丽。"

第七节　决定心情的，不在环境而在心境

> 决定一个人心情的，不是在于环境，而在于心境。
>
> ——来自《苏格拉底故事》

春花秋月，冬雪夏阳。我们随时感受着时光、环境对于我们的影响。敏感的文人总会感花溅泪，恨鸟惊心。我国诗人海子以25岁年轻的生命，静静地躺在山海关铁轨上，期翼滚滚而来的火车碾碎他火烫的灵魂；北大物理天才卢刚在美国爱荷华大学攻读博士学位，面对严酷的就业压力，刚拿到博士学位抑制不住内心的狂躁，拔出早就准备好的左轮手枪，对着自己的博士研究生导师等六人开了枪。在他的遗书中说："人的生活欲望是没有尽头的。在美国虽然吃穿不愁，但上边有大富人，跟他们一比，我还是个穷光蛋……"由于对环境的不满，卢刚选择了和其他人同归于尽。在这个世界上，环境对于人究竟产生了怎样的影响呢？

和上述的两位相比，古希腊的苏格拉底就是一个处事不惊、不被环境左右的人。苏格拉底是单身汉的时候，原来和几个朋友一起，住在一间只有七八平方米的房间里，他一天到晚总是乐呵呵的。有人问他："那么多人挤在一起，连转个身都很困难，有什么可乐的？"

苏格拉底说："朋友们在一块儿，随时都可以交换思想、交

流感情，这难道不是很值得高兴的事儿吗？"

过了一段日子，朋友们一个个成了家，先后搬了出去。屋子里只剩下了苏格拉底一个人，他每天仍然很快活。

那人又问："你一个人孤孤单单，有什么好高兴的？"

苏格拉底说："我有很么多书哇，一本书就是一个老师。和这么多老师在一起，时时刻刻都可以向它们请教，这怎不令人高兴呢！"

几年后，苏格拉底也成了家，搬进了一座大楼里。这座大楼有7层，他的家在最底层。底层在这座楼里是最差的，不安静，不安全，也不卫生，上面老是往下面泼污水，丢死老鼠、破鞋子、臭袜子和杂七乱八的脏东西。那人见他还是一副喜气洋洋的样子，好奇地问："你住这样的房间，也感到高兴吗？"

"是呀！"苏格拉底说，"你不知道住一楼有多少妙处啊！比如，进门就是家，不用爬很高的楼梯；搬东西方便，不必花很大的劲儿；朋友来访容易，用不着一层楼一层楼地去扣问……特别让我满意的是，可以在空地上养一丛一丛花，种一畦一畦菜，这些乐趣呀，没法儿说！"

过了一年，苏格拉底把一层的房间让给了一位朋友，这位朋友家有一个偏瘫的老人，上下楼很不方便。他搬到了楼房的最高层——第七层，他每天仍是快快活活的。

那人揶揄地问："先生，住七层楼也有许多好处吧！"

苏格拉底说："是啊，好处多着哩！仅举几例吧：每天上下几次，这是很好的锻炼机会，有利于身体健康；光线好，看书写文章不伤眼睛；没有人在头顶干扰，白天黑夜都非常安静。"

后来，那人遇到苏格拉底的学生柏拉图，他问："你的老师总是那么快快乐乐，可我却感到，他每次所处的环境并不那么好呀？"

柏拉图说："决定一个人心情的，不是在于环境，而在于心境。"

的确，苏格拉底就是一位宠辱不惊、任何环境都能怡然自乐的人。我国古代的思想家孔子也说："一箪食，一瓢饮，在陋巷，人不堪其忧，回也不改其乐。贤哉，回也！"说的是孔子的学生颜回即使身在陋巷，吃的是粗茶淡饭，别人都觉得他过得辛苦、落魄，很同情他，认为颜回肯定很痛苦，可是颜回并不这么想，他自得其乐，于是孔子说，颜回是个好学生，你们要向他学习。

可见，环境对于一个人，是要一分为二看待的。在困境里，有的人就能悠然自得，不为其扰；有的人却沉陷在环境里悲痛伤心，不能自抑。苏格拉底用行动告诉人们，当人无法选择环境的时候，就要适应它；在不好的环境里保持乐观，万不可消沉，要活出本色。

我国的大文豪钱钟书及妻子杨绛，在"文革"期间，女婿被逼自杀，二老也被打入"五七"干校进行"改造"，清晨三点就空着肚子下地，一直劳动到中午才能休息，然后从黄昏再下地一直干到晚上。杨绛在回忆录《凿井记劳》里写道："平时总觉得污泥很脏，可是把脚踩进泥里，觉得它更亲近了。"在水井挖好的那天，杨绛还特意打来烧酒，买来泥块糖(劣质糖)，为大家开了个庆功宴。杨绛和爱人钱钟书分别在两个相邻的农村接受"改造"，相隔咫尺却不得见面。后来，钱钟书得到一份到邮电所领取报纸的工作，凑巧去邮电所的路正好经过杨绛看管的菜园子。这样，他们夫妇俩可常在菜园里相会，杨绛养的一只小狗也在钱钟书来时绕膝亲热，"远胜于旧小说和戏曲里后花园私相约会的情人"。

下面，让我们用下面富有哲理的句子来自省："当所有人都拿我当回事的时候，我不能太拿自己当回事。当所有人都不拿我当回事的时，我一定得瞧得上自己。这就是淡定，这就是从容。"

第八章

即使输掉了一切，也不要输掉微笑

生活不是林黛玉，不会因为忧伤而风情万种。有一天，我们都会走到死神的门前，如果我们努力过了，拼过了，即使没有成功，依然是个普通的小人物，可我们无悔，输掉了一切我们还有微笑。怕的是你从来没有付出过努力，此时，你对死神说，再给我一次生命，我一定为理想拼一次，死神笑了，因为生命没有第二次。

第一节 时机对了，事就成了

> 最有希望的成功者，并不是才干出众的人而是那些
> 最善于利用每一时机去发掘开拓的人。
>
> ——苏格拉底

时光匆匆，岁月如流。徜徉于人生这个大舞台，往事如烟，我们经历过的和没有经历的，都是生活赏赐给我们的礼物，摘得鲜花抱得美人归是人生一大快事。走入困境囹圄也是生活的馈赠，如果没有困难，成功又怎么让人激动流泪？而漫步人生的路途中，你有没有注意过"时机"的重要性？

苏格拉底说："最有希望的成功者，并不是才干出众的人，而是那些最善于利用每一时机去发掘开拓的人。"

你相信"时机"吗？

我相信时机。15年前，我们一家住在一处只有60平米的集体工厂宿舍里，那时候我想给父母买一套稍微宽敞一点的住宅，尽管我看了几处二手房，依然舍不得投资。那几套房子用现在的眼光来看，就跟白捡一样便宜，可我没有买，抱着居安思危的心态，觉得有现在的房子凑合着住就行了。没想到过了几年，房价

蹭蹭地往上涨，比以前贵了好几十倍，如果我当年买了那几套房，现在也是商界大亨了。

10年前，父亲病重，父亲的一个朋友来探望，顺便问起我的职业。我说家父病重，暂时没有出去工作，他便建议我在家开个淘宝店，不用出门打工。他还举例说他的女儿就在淘宝开店，为厂家代理卖衣服，一个月赚得就超过了两千。我虽有跃跃欲试的心态，可是一想到遇到的困难，比如要给衣服拍照片，装饰淘宝页面，请模特，听说交易过程中会有黑客攻击网银，还能遇到骗子……就很麻烦，我一怕麻烦就不想做，于是虽然有心却没有开始。有一天我从电视上看到了这个朋友的女儿，她已经开了一个代工厂，专门生产宝宝服装在淘宝卖，现在已经成为我们县首屈一指的企业家……

有很多机会，当它来临的时候，我们畏首畏尾，觉得自己干这也不行干那怕麻烦，殊不知，正是由于你的怕，成就了别人的不怕。如果当初我能够克服优柔寡断的性格，我也早就成为成功的房产商、企业家……

所以，理解苏格拉底的这句"最有希望的成功者，并不是才干出众的人而是那些最善于利用每一时机去发掘开拓的人"，我对这句话是深有感触。每一个成功者，都是善于抓住机会的人，而不是最有才干的人。

春秋时期，楚王很喜欢射箭，有一次他带着仆人去打猎，一只野鸭飞来了，楚王弯弓搭箭，正要射猎时，忽然从他的左边跳出一只山羊。楚王心想，一箭射死山羊，可比射中一只野鸭子划算多了！于是楚王又把箭头对准了山羊，准备射它。可是正在此时，右边突然又跳出一只梅花鹿。楚王又想，若是射中罕见的梅花鹿，价值比山羊又不知高出了多少，于是楚王又把箭头对准了梅花鹿。这时从从树梢飞出了一只珍贵的苍鹰，振翅往空中窜去。楚王又觉得还是射苍鹰好。

可是当他正要瞄准苍鹰时，苍鹰已迅速地飞走了。楚王只好回头来射梅花鹿，可是梅花鹿也逃走了。只好再回头去找山羊，可是山羊也早溜了，连那一群鸭子都飞得无影无踪了。楚王拿着弓箭比画了半天，结果什么也没有射着。楚王的故事告诉我们，机会稍纵即逝，如果我们迟一秒钟，就会被别人捷足先登，错失良机。就好像15年前的我想买房结果没买，现在买房已经错失良机；10年前的我如果做淘宝生意，彼时做淘宝的没今天这么多，也不用交所谓的保证金，从那时候做到今天，客户资源就会颇成规模，坐在家里就可挣钱。

20世纪80年代下海，你错过了；20世纪90年代炒股，你又错过了；2000年炒房，你更没看准；2010年你没淘宝；2015年后，你期待什么时机？如果时机那么容易让人看清，人人都认为赚钱，那也不称之为时机了，时机本身带着不确定，这个时候你要做的就是快、准、稳。

所以，让我们记住苏格拉底的这句话："最有希望的成功者，并不是才干出众的人而是那些最善于利用每一时机去发掘开拓的人。"

第二节　返本事首，觉行最重

　　　　神灵为自己保留了那对于最为重要的东西的认识。

　　　　　　　　　　　　　　　　　　——苏格拉底

"春有百花秋有月，夏有凉风冬有雪；若无闲事挂心头，便是人间好时节。"古人无数次不吝笔墨，为我们描绘大自然的美好风光，并且强调"无欲则刚"的悠然心态，如果做到清心寡欲，即一年四季都是好时光。想起了一个故事：一个人经过多年打拼，终于在海边买了一栋别墅，可以不再劳心于商界的尔虞我诈，可以在海边晒晒太阳，捡几个贝壳，自在而又悠闲。有一天，他遇到一个打渔的老翁，看到老翁晒得黝黑的脸，问老翁是否觉得命运太苦。老翁哈哈一笑，说道："我吃的是海里的鱼，没有被化学制剂污染，晒的是海边的太阳，偶尔捡几个贝壳回家让孙子拿着玩，我现在和你的人生又有何不同呢！"

听了以上的故事，你有何感想呢？命运这件事，有时候就是你转一个大圈回来后，蓦然发现"初心""本真"的真谛。有时候，我们劳劳碌碌，得到了很多，可是面对倏然而逝的时间，面对镜子里不再青春的容颜，我们又会感慨命运弄人，"有钱的时候没时间，有时间的时候没有钱"。这就好像冥冥中有某种东西主宰着我们的一切，对此哲人苏格拉底说："神灵为自己保留了那对于最为重要的东西的认识。"

苏格拉底这句话的意思是，我们冥冥中的感觉，大起大落的人生，忧愁或欢喜，都有着某种先天的预兆；有某种天意，就好像神在主宰这一切。我们知道，苏格拉底最后是被陪审团以"不敬神"的罪名处于死刑，所以哲学家对于苏格拉底究竟敬神不敬神也有各种说法，中外学者莫衷一是。曾有人说，苏格拉底的学说具有神秘主义色彩。他认为，天上和地上各种事物的生存、发展和毁灭都是由神安排的，神是世界的主宰。他反对研究自然界，认为那是亵渎神灵的。他提倡人们认识做人的道理，过有道德的生活。他的哲学主要研究的是伦理道德问题。从这个观点来看，苏格拉底临终的罪名"不敬神"，是不认可"城邦所接受的神"。苏格拉底唯一接受的是神灵，是戴蒙。

苏格拉底在《申辩篇》中提到："这是一个声音，我从小就感到它的降临，它每次让我听见的时候，都是阻止我做打算做的事，却从来不叫我去做什么。""以往，那灵机总是频繁地向我发出预告，甚至在一些细小的事情上，都常常制止我以不妥的方式去做。"

从这里可以看出，苏格拉底接受的"戴蒙"就是人的"灵机"。俗语说的灵机一动、第六感等概念，就是由于此。苏格拉底还曾说过："也许有人感到奇怪，我走来走去，干预别人的事务，以私人身份提出劝告，却不敢参加议院，向城邦提意见。我这样做是有原因的：你们在很多时候、很多场合听我说过，有个神物或灵机附在我身上。"苏格拉底的意思为，这个"灵机"在阻止他从政。实际上，苏格拉底不从政，是有他自身的原因的，他的性格过于耿直，这种个性很难在政界游刃有余，所以他的不从政是他对自己冥冥中的自我保护，即以后的哲学家弗洛伊德拓展延伸的"第六感"。

实际上，在对待是否有神灵的问题上，后来的哲学家尼采都存有疑议。尽管尼采说出了"上帝死了"一句话就否定了神，可是在面对信仰的问题时，尼采也说出了"利用艺术的神来探讨生命意义"。据说尼采受瓦格纳音乐的启发，给出了自己的答案："靠艺术来拯救人生，赋予生命一种审美的意义。" 尼采指出，日神（阿波罗精神）与酒神（狄俄尼索斯精神）的融合才是艺术的真谛，日神代表创造，酒神代表毁灭，古希腊悲剧艺术则是艺术的最高形式。酒神精神，看似毁灭，实则创造，处在精神状态下的灵感迸发期间，希腊人将这种灵感与日神精神融合，通过这种途径变为美学现象。日神精神与酒神精神作为贯穿尼采学术始终的一部分，开始了尼采将一切固有价值统统粉碎的过程。

可见，在对待神的问题上，各路哲学家并不全盘否定。苏格拉底所信的神，实际上已经有了自己的创造和灵感驱使，他信的神是"道德的神"。对他而言，若要有德性，必须有关于德性的知识，在此意义上，他的全智的神必然也是全善的。不管怎么说，苏格拉底用自己的观念创造了一个"神"，这是让当时的城邦感觉很不快的，最终被处于死刑不过是碾压了这个哲学家崇尚自由的进步思想而已。

东方的佛教里，也有关于修行、觉悟的传说。佛住世时有个阿罗汉过一条河，对河神说"小婢，请让开"。河神觉得被称为小婢受到了侮辱，就去佛陀那里告状。佛陀让阿罗汉给河神道歉，阿罗汉就对河神说"小婢，对不起"。后来，佛陀以宿命通来观察这位阿罗汉的前世，发现他从前五百世都生于皇室贵族中，管别人叫"小婢"是他生生世世累积的一种习气。而这种习气佛是不会有的，所以佛被称为觉行圆满。

苏格拉底的"神灵为自己保留了那对于最为重要的东西的认识"，说的就是返本事首，觉行最重。只要修行够了，用苏格拉底的"道德"观点来执行，即有了知识，知道了美善，就可以更好地认识自己，从而不做恶事，冥冥中的神在保护我们对真理的认识。

第三节　甘愿愉快地忍受劳累，是因为美好希望的鼓舞

> 自愿的人在忍受苦楚的时候，受到美好希望的鼓舞，就如打猎的人能欢欣愉快地忍受劳累，因为他有猎获野兽的希望。
>
> ——苏格拉底

苏格拉底是古希腊最伟大的哲学家，他的至理名言至今依然被人们默记传诵。就好比这一句"自愿的人在忍受苦楚的时候，受到美好希望的鼓舞，就如打猎的人能欢欣愉快地忍受劳累，因为他有猎获野兽的希望"，说出了所有奋斗者的心声。

当你听到这一句的时候，是否会在心里倏然一动？"自愿的人在忍受苦楚的时候，受到美好希望的鼓舞"，因为你的心里有梦，所以你甘愿默默忍受所有的苦楚和忧抑，只要你的梦在，就是身处囹圄，你所在的地方也闪耀着光！那光，照耀着你的旅程；那光，照亮了你未来的路！

我姑姑曾在市内一家很大的棉纺厂上班，那个棉纺厂有两万多的工人，后来由于经营不善，这些工人都不得不下岗了。离姑姑不远的一户人家姓王，王家的家庭条件比起别人家更差一些，女主人下岗，男的以前也在这个工厂工作，好像犯了什么男女错

误，就被勒令回家了。开除的结果就是下岗费也没有，两人一个下岗一个开除，再加上三个孩子，一家人过得凄凄楚楚的。一到麦熟季节，女的就去附近的农家捡麦穗，回来后将其铺在马路上晒干。麦穗因为过路车的碾压，麦粒就分离出来，有些没有分离的，她就用棍子敲打。那时候经常看见她在街边用棍子敲打着麦穗，那忙碌的身影印在了我的记忆里。

她的丈夫曾是美术专业毕业，被厂子开除后，就开了个美术工艺公司，用花花绿绿的泡沫塑料做成花鸟，再贴在泡沫板子上，我不知道这种工艺叫什么，在20世纪90年代曾风靡过一段时间。这个美术厂开了几年，却赔光了他们的老本，后院一个大爷给他们厂子做饭，一直拖欠工资，后来那大爷就去他家里把摩托给推走了。这事之后，男的学了点儿饲养鸡的技术，在自己家里实验孵鸡。据说曾经孵出过长着四只腿、两个头的小鸡，我小时候还去他家里去看过，到了他家，看到不到70平米的房子住着一家五口，厨房即做饭也当卧室，客厅里一个大床，屋里黑黢黢的，除了孵鸡的大箱子里有那么一点光亮，这一家的环境可是太乱、太差了。唯一照亮我眼睛的就是墙壁上的奖状，这是他们三个孩子的奖状，一张张张地排列在墙上，贴满了屋子。

孵小鸡也没挣了钱，男的有美术的底子，就又去学喷泉设计，园林景观设计等，20世纪土建园林开始走俏，很多企业都开始美化自己的工厂，于是这男的终于开始挣钱。男的忙不过来，女的也就学会了绘图，那时候都是手工绘图，两口子忙得不亦乐乎，生活终于有了转机。不料，正当生活有了着落的时候，男的却有了小三，男的非要离婚，女的悲痛之余和男的离异，3个孩子她一个也不肯放，生活这座大山压在了她的头上。

她是一个不服输的女人，看到园林事业走高，自学了园林设计，为了揽到生意，她又去培训学校学了电脑设计，这样一来竞争力提高了，生意也慢慢多了。后来她想，与其给人做嫁，不如自己揽园林生意去做，于是她穿上职业服装，走进了商界，和一些厂家谈判。她本来就有文化，再加上价格合理，专业娴熟，在一次60万的大工程投标中一举中标，她也挖到了第一桶金，而后她又有了100万、200万……

年前在广场我遇到了她，她正在跳广场舞，身姿优美，舞步欢快。她热情地和我打招呼，我顺便问她过得怎么样了，她笑着说，3个孩子都上了大学，有了好工作，前年一个2000万的园林工程也完工了，别的公司看了那期喷泉，觉得不错，纷纷找她签约，现在订单很多，接不过来，还给了前夫一些……

她脸上的皱褶不知从什么时候恢复了光泽，我忽然想，她如今的幸福来之不易，正是她心里有梦、有光、有希望，即使遭受不幸，她终于走出了一条光芒大道。

第四节　死亡的门前，要思量的不是生命的空虚

> 在死亡的门前，我们要思量的不是生命的空虚，而是它的重要性。
>
> ——苏格拉底

"含光混世贵无名，何用孤高比云月？"忙忙碌碌在这万里红尘，即使有百年的寿命，也终有一天会离开这个世界。如果有一天走到死亡的门前，你首先会想到什么？

苏格拉底教导我们：在死亡的门前，我们要思量的不是生命的空虚，而是它的重要性。在死亡的门前，即我们临终的那一段时间，如果能够好好思索自己的一生，我们应该为往日的辛苦努力而欣慰，假如我们浑浑噩噩地度过了这一生，临死之时会为往日的空虚而充满追悔。

活着的时候不要虚度光阴，不要空虚地度过每一天，而要让平凡的每一日充满力量，要把握住、掌控住我们有生的日子。这样临死之前，就不会空虚，而是感到了生命对于我们的重要性。苏格拉底的这句话可以让人联想到保尔柯察金的名言："一个人的生命应当这样度过：当他回首往事的时候不会因虚度年华而悔恨，也不会因碌碌无为而羞愧！"

是的，如果你年轻，你不会感知时间的飞快流逝，你有莫名

的惆怅，你有青春的烦恼，你为一段鸡肋般的感情恍惚沉陷，你工作倍感压力，可是你又不能辞职，于是你把压力释放在大片、游戏上……最终你虚度了光阴，你找不到真实的自己，你看不到生命的意义。这个时候，仔细回味一下苏格拉底的这句话：在死亡的门前，我们要思量的不是生命的空虚，而是它的重要性。我们要时刻考虑生命承载着什么，背负着什么，我们有时候自以为用虚无的刺激"逃离困境"，实质上是一种空虚的表现，我们生命的重要性不是在于虚度光阴、日日笙歌，也不是随心所欲、放纵自我，我们需要的是在困境中觉悟、在绝望中寻找希望。

空虚，用专家的解释即人们常说的"没劲"，是心理不充实的表现。如果一个人长期生活在空虚状态中，不满足本性遭到长期打压，就会产生抑郁病、忧郁症、孤独症等病态。现在社会竞争激烈，大学毕业即失业的情况比比皆是，衍生出忧郁症、抑郁病、孤独症等心理疾病。如果我们能够把孤独、忧郁的时间拿来学习，拿来充实专业技能，而不是长嘘短叹，那么孤独、空虚抑郁就会自动绕开。

记住，所有的心理病找的都是不努力、空虚懒散的人。只有你用知识充实你的空虚时光，那么幸福自会到来。

在死神面前，人人平等又不平等。平等的是我们都会步入那个时空，走向生命的终结；不平等的是，没有虚度光阴的人，他们实质上活了我们生命周期的两倍甚至三倍。俞敏洪登上了全球胡润富豪榜后，有记者采访，他说："我的时间非常的紧张，一天工作16个小时是最少的了。对我来说，我平均每天睡觉五个半小时，剩下的时间连吃饭都是在工作了。我的性格不强势，但我的岗位决定了我要在公司决策上强势。"

　　试想，如果我们有一天也成为亿万富翁，我们是不是就信马由缰，放任自我了？而身为新东方总裁的俞敏洪，依然一天工作16个小时，比我们聪明的还比我们勤奋，俞敏洪的生命就活出了我们的三四倍。我们呼呼睡大觉的时候，他在学习；我们玩游戏看网络小说的时候，他在工作；同样是互联网，我们利用它找新鲜刺激的大片来看，我们找好玩的游戏来麻醉我们的苦闷，可是俞敏洪就考虑到了互联网对英语培训机构的伤害，他及时改变思维，利用互联网为自己服务，建立了新东方在线、酷学网、慕课等网上授课形式，实现了学生在互联网付费挑选老师授课的新样板。

　　我想，如果有一天，我们都在死神面前，我们的生命远没有俞敏洪精彩，他可以无愧于这一生，我们应该做的就是尽力地追赶，让生命的重要性焕发闪烁的光彩。

第五节　难道你希望看到我被公正地处死吗

难道你希望看到我被公正地处死吗?

——苏格拉底

古今往来，凡是成大事者，除了有一副铮铮铁骨，还有绝佳的好口才。他们坚强的意志让他们的风骨凛然于众人，他们大义凛然，面对敌方铁嘴钢牙，掷地有声地驳斥，也让后人拍案叫绝。在所有的哲学家里，苏格拉底一直被人以有雄辩口才著称。也许是无意中的一些话得罪了某些人，苏格拉底在公元前399年，被当时的陪审团宣布有罪，并被处于死刑。

苏格拉底之死至今依然被许多历史学家和哲学家称为"探索上诉者谜一样的面孔"。即苏格拉底的死刑对于历史来说，一直存有谜团。因为彼时的苏格拉底名誉在外，门下弟子众多，还曾参加过当时的伯罗奔尼撒战争，表现英勇，又曾在雅典公民大会中当过陪审官，这样一个人竟然被处死是很不可思议的。

在苏格拉底的弟子色诺芬的回忆录里，他记录了苏格拉底被判处死刑的事情。当时苏格拉底被安上了"不敬神"和"蛊惑青年"的罪名，苏格拉底本来有求生的可能，可以认交罚款求得生存，可是苏格拉底说了一个很小的数字，并且说自己为雅典做出了贡献，应该享受市政厅提供的免费公餐和高级住宅。

为此，苏格拉底惹怒了当时的审判官，于是以360：140的票数被判处死刑。在场的阿帕多拉斯是个非常热爱苏格拉底的人，他说："苏格拉底，看到他们这样不公正地把你处死，令我难受。"

苏格拉底摸着他的头微笑地问："亲爱的阿帕多拉斯，难道你希望看到我公正地而不是不公正地被处死吗？"

可以说，苏格拉底到死都在实践着自己的哲学主张，他并不因为"莫须有"的罪名而改变主张，也不为求生而委屈求全，他大义凛然的气节犹如我国宋朝大臣文天祥。文天祥在广东海丰北五坡岭兵败被俘，张弘范逼迫他写信招降固守崖山的张世杰、陆秀夫等人，文天祥誓死不从。在过零丁洋时，他写下了慷慨激昂、视死如归的千古名篇《过零丁洋》：

辛苦遭逢起一经，干戈寥落四周星。山河破碎风飘絮，身世浮沉雨打萍。

惶恐滩头说惶恐，零丁洋里叹零丁。人生自古谁无死？留取丹心照汗青。

后来，文天祥用死诠释了自己爱国的信念，苏格拉底同样用死显示了自己慷慨赴死的决心。宁愿死也不答应对方要他服软的决定，他的骨头是硬的。

在这里另外需要补充的是，苏格拉底对于当时的法律是保持尊敬态度的，我们并不能因为他的"不公正处死"就认为他在蔑视法庭。实际上，苏格拉底到死一直在心甘情愿接受法庭强加给他的死刑。在临处死的一个月里，他本来有逃生的机会，要知道，他的几个弟子有几个是当时的贵族，可以花钱花物力安排他逃脱，可是苏格拉底并不赞成，他认为那样做是不符合自己的哲学的，而且他认为如果自己逃跑，是对法律的不敬，所以他被关在临被处死前的监牢里，足足有一个月时间逃亡，依然没有这么做。从这一点来说，苏格拉底的精神世界是正义和崇高的，也是因为此，他死后一个月当时的政府就感到错判了苏格拉底，于是苏格拉底被昭雪。

在这里要提的是，从"五四"以来，国人一直比较崇拜国外的民主，尤其是希腊民主让国人期盼。实际上，很多所谓的民主带有很多的缺陷。比如古希腊的民主，雅典精英刻意迎合群众，使后者权力越来越大，不仅几千人聚集在公民大会上以公投的方式选举领导人，以公投方式就军政和外交大事进行表决，而且在民众法庭充当"法官"兼"陪审员"，几百至几千人以公投方式对被告做出生杀予夺的判决。

当时的判决很多带有随意的性质，就如同古希腊可以抓阄选举官员一样，这些陪审团可以随意处置一个人的生死，阿里斯提德、地米斯托克利、客蒙、米尔提亚德等杰出的军政人物被判流放或被"扔进地坑"；指挥阿吉纽西海战大获全胜的8个将军凯旋后立即被判死。当然，还有苏格拉底被判刑处死。尤其让人大跌眼镜的是，苏格拉底被处死后不久，主要起诉者之一、民主派干将美勒托本人也被判极刑，被乱石砸死；八将军被判死刑后（其中六人被执行）仅仅几天，起诉他们的人也被处死。雅典民主还做过其他错事，公元前416年，民主的雅典人投票决定对弥罗斯岛居民进行灭族性大屠杀。原因很简单，这个弱小城邦想在伯罗奔尼撒战争中保持中立，既不跟雅典也不跟斯巴达结盟，而在雅典民主派看来，这不啻是蔑视其权威，挑战其作为提洛同盟盟主的地位。据修昔底德《伯罗奔尼撒战争史》记载，雅典人执行了这次灭族屠杀，杀死了弥罗斯岛所有男子。

从以上行径来看，苏格拉底被处于死刑，不过是言论得罪了部分人而已，尤其是在法庭上说自己为国家做出了贡献，应该享受贵宾待遇，惹怒了陪审官。从这里也可以看到，"祸从口出"这句话是多么正确，就是哲学家也不能幸免。

第六节　我像猎犬一样追寻真理的足迹

> 我像一只猎犬一样追寻真理的足迹。
>
> ——苏格拉底

时光是一条河，在你朝朝暮暮的感怀中，无言地流淌；时光是一缕青烟，在你恍惚忧思中轻轻飘散。2500年的风风雨雨，

2500年的人来人去，历史总是那么惊人的相似。死去的，留下了千古穹音，声声做响；未死的，依然在尘世羁绊中追寻阳光。唯有哲人留下的思想言论，教诲着一代一代的世人，即使轮回几千年，这些闪烁着金光的哲理化为甘露，滋润后代贫瘠的思想。

苏格拉底曾说："我像一只猎犬一样追寻真理的足迹。"的确，纵观这个影响了几千年的哲学家，我们不难发现，苏格拉底的一生是追求真理的一生，他为人正直清明，纵使家里比较贫寒，妻子整日河东狮吼，他依然没有放弃过自己的追求。后世研究苏格拉底的学者曾经质疑苏格拉底究竟靠什么为生，经过考证，古希腊的妇女分为两种：一种是奴隶，没有自由；另一种是自由人。作为自由人的女子必须操持家务，养育子女，纺纱织布。苏格拉底临死前本来接受惩罚免死，却不料说出一个极小的数字，他宣称自己没钱。这说明苏格拉底确实是一个为了真理孜孜不倦、苦苦修行的学者。他一生娶了两个妻子，第二个即河东狮吼的克桑蒂贝。他的家庭一直是女人在维持日常开销，是女人的劳动为他提供可以温饱的面包和美酒。所以，他的第二任妻子才一次次和他吵闹，用现在的眼光看，苏格拉底有点不顾家，为了事业把家庭都不要了，家只是给他提供暖饱的一个旅馆而已。

苏格拉底一生都在为真理而战，他的哲学理论让哲学第一次探讨人性，可以说在哲学史上是具有里程碑概念的。他说"我像一只猎犬一样追寻真理的足迹",事实上他也是这么做的,为了真理,他宁愿赴死也不改变初衷。他不停地采用"诘问"法,直到把对方问得无言以对,虽然为此得罪了不少人,却由此法验证出不少哲学真理。他和当时的普洛特哥拉斯、哥吉斯等著名诡辩家相对,他建立"定义"以对付诡辩派混淆的修辞。几百年后,罗马哲学家西塞罗说:苏格拉底"将哲学从天上召唤下来,使它在各地落脚生根,并进入各个家庭,还迫使它审视生命、伦理与善恶"。

苏格拉底探求真理的精神影响了几代人,他的学生柏拉图和亚里士多德继承了他的学说并且发扬光大。彼时,活跃在古希腊社会的哲学派系主要有三:一是诡辩派,一是自然学派,另外就是苏格拉底的理论派。苏格拉底和上述两者有着根本的区别,诡辩派以人为主体,强调人的意志自由,忽视道德,一切以个人功利为主。苏格拉底主张以德治国,认为人生最重要的就是追求真理和正义。

追求真理的道路是孤独的,为了治疗疟疾,屠呦呦也走了一条充满艰辛的路。她率领着团队经过千百次实验,依然找不到突破口。彼时美国也在进行抗疟药物的研究,东方和西方、中药和西药,究竟谁更快地研制出治疗疟疾的药物,对于屠嗷嗷来说,这成了迫在眉睫的事情。历史上从来就没有人能抗击疟疾,它是由蚊子传播的疟原虫引起的很严重的疾病,直到1950年我国患有疾疾的病人有3000万人，每年病死数10万人。1693年，康熙皇帝患疟疾，所有宫廷御医和民间中医都束手无策，最后是靠吃法国传教士提供的金鸡纳树皮粉末治好的。不过，这只是特例，真正治疗疟疾任重道远。

屠呦呦受命于危难之时，她发现中医所用的青蒿(又名香蒿)并不含青蒿素，实际上现在媒体上宣扬的青蒿素是从黄花蒿(臭蒿)里面提取的。中医几乎不用黄花蒿入药，用的话也只是用来"治小儿风寒惊热"。屠呦呦在实验中发现，即便黄花蒿被用来代替青蒿使用，里面的青蒿素也起不了作用，一旦加热到60摄氏度，青蒿素的结构就被破坏，失去了活性，杀不死疟原虫了。

屠呦呦一次次地找答案，偶然一次翻看古籍，她在东晋道士葛洪所著的《肘后备急方》一书中看到"青蒿一握，以水二升渍，绞取汁，尽服之"的说法，才恍然大悟不能加热黄花蒿，经过不断摸索，屠呦呦发现青蒿素不溶于水，于是她用酒精提取，却没有效果。经过反复实验，她又用沸点只有35摄氏度的乙醚提取青蒿素，用这种青蒿萃取液治疗21位感染了疟疾的病人，效果出奇地好，病人很快便退烧了，血液中的疟原虫也很快消失。

屠呦呦为萃取青蒿素，自己得了中毒性肝炎，正是她执着于真理的精神，诺贝尔奖的桂冠戴在了已经85高龄的她头上。正如苏格拉底所说，我像一只猎犬一样追寻真理的足迹。我相信，所有为真理献身的人，他们最初的目的不是为了房子(我国两位诺贝尔奖获得者都说过，诺贝尔奖金只是购房款的几成而已)，他们不是为了名誉，他们努力的目的就是真理，在追逐真理的进程中，他们得到了他们梦想的一切。

第七节　就算遍体鳞伤，也要撑起坚强

> 分手的时候到了，我去死，你们去活，谁的去路好，唯有神知道。
>
> ——苏格拉底

苏格拉底的死成就了苏格拉底的名声，他的死在后世引起的轰动和震荡不亚于当时的雅典城。在柏拉图的《申辩篇》里，苏格拉底面对雅典城庞大的陪审团，大义凛然地说："分手的时候到了，我去死，你们去活，谁的去路好，唯有神知道。"

在这里，我们要仔细分析一下苏格拉底这么说的用意。古雅典的法庭延用的是雅典民主制，雅典的民主和我们现在所说的民主有着根本的区别。现在社会一些所谓的精英动耶拿着西方的民主说事，并推崇古希腊的民主专制，实际上古希腊的民主是直接民主，而现代民主是间接民主或议会民主。很多人认为，现行的西方民主来源于古希腊民主，其实现代民主发端于基督教的平等

理念与中世纪的议会制度和法律观念，与希腊民主无关。其实，两种民主在源起、理念、规模、形式和程序上都有重大差别。

古雅典年满30岁的公民都可自愿报名参选陪审员，根据案件大小从6000陪审员中抽签选出5人到2000人组成陪审团，当时用来抽签的石嵌至今尚存。古雅典民主制有一项荒唐的规定，即"陶片放逐法"，该法规定每年雅典可放逐一名政治家，人选由公民大会投票决定，因选票为碎陶片而得名（后选票改用贝壳，亦称"贝壳放逐法"）。投票者只需把政治家的名字刻在陶片上，无需任何罪行，无需任何证据，只要该政治家得票数超过6000票，即遭放逐10年。雅典名将阿里斯泰德是马拉松战役指挥官，战功显赫，曾担任首席执政官，素以"公正者"而著名，但公元前483年经公民大会投票，遭放逐。据说投票时有个文盲农民把陶片递给正好坐在他身边的阿里斯泰德代为刻字，阿里斯泰德大奇曰："您都不认识他，为何要赞成放逐？"农民答曰："经常听人歌颂他为'公正者'，很烦，干脆放逐了算了。"

由此可见，苏格拉底最后的审判，被由"人民"抽签选出来的民主裁判具有多么大的荒谬性质了，就是如此荒唐的体制给古希腊伟大的哲学家送上了让其死亡的毒芹汁。苏格拉底不愿承认自己的罪责，他认为这种民主制对于自己是不公的。由于他在法庭上辩论自己的无罪，并且在处于惩罚可以免死的条件下，说出了一个让陪审团震怒的数字（1米那），当时智者厄尔努斯的讲座

票都要5个米那，这个行为让500人组成的陪审团大为光怒，苏格
拉底就好像一个斗牛士，他不是来平息陪审团怒火的，而是增加
了他们的仇恨。在二轮投票结束后，最后他以360：140被判处死
刑（第一轮投票为280：220）。

夏完淳为明末抗清的义士，少年时跟随父亲抗清，17岁在南
京被捕，面对已经降清并做了重臣的洪承畴的劝降，写下了千古
流传的名篇《别云间》。

三年羁旅客，今日又南冠。

无限山河泪，谁言天地宽。

已知泉路近，欲别故乡难。

毅魄归来日，灵旗空际看。

夏完淳是我国五千年华夏历史中年龄最小的面对死亡慷慨就
义的才子，面对死亡，他和苏格拉底一样选择了从容面对。苏格
拉底临死前说的"我去死，你们去活"，这给了彼时的古希腊政
府一个讽刺的嘲笑，500人组成的陪审团本来就对苏格拉底平日里
的言行不太满意，这个时候更是恨不得让他早点去死，于是苏格
拉底慷慨赴死也就成为必然。

后 记

研究苏格拉底的时候，我正处于一段心情郁闷的时期。工作不顺，两年内换了3份以上的工作，曾经的同学事业都比我成功，我消极避世，同学聚会也很少参加，渐渐地，不是我看别人不顺眼，就是别人看我太"清高"，最后朋友也没剩下几个了。我不明白自己为何会这样，看了几部心理学的书，觉得千篇一律，没有什么特别好的效果。正在我又在为一份鸡肋般的工作做着"辞不辞职"的挣扎时，我无意中看了一部影片《青春加油站遇见苏格拉底》，虽然故事很平淡，可是里面那个聪明睿智的老人却感染了我。其实，影片揭示的并不是具体的一个人，而是影片主人公 丹·米尔曼 内在的力量。 丹·米尔曼是一名奥运会体操运动员，他焦虑不安，每天夜里3点左右去马路上跑步，以减轻为未来比赛产生的恐惧和压力。一个叫苏格拉底的老人在马路的加油站工作，和他聊天、谈心，让他的紧张和恐惧逐渐减轻。

看了影片后，我也期待自己的人生旅途中有一个"苏格拉底"，时常给自己加油、减压。为此，我开始探究西方哲学，而西方哲学绕不开的一个人物就是苏格拉底。可以说，苏格拉底的

"认识你自己"导致了西方哲学史上唯心主义和唯物主义两大派别的划分。苏格拉底"自我"的建立，宣布了古代唯心主义以成熟的形态正式脱离唯物主义哲学阵营而与之尖锐的对立。正是苏格拉底的"认识你自己"，探讨自我的哲学才迅速发展，一路延续到了尼采的"成为你自己"。

从此以后，尽管工作中依然不顺，人际关系依然紧张，我给自己确立了一个目标，那就是每天下班后学习专业技能。当沉下心学习的时候，时间也就一天天地过去了。每个夜里当我疲倦或感到焦虑的时候，我就会看看苏格拉底富有哲理的句子，细细揣摩，然后就又有了力量继续生活下去。可以说，是苏格拉底给了我精神力量，几年后，我依然在原来的公司工作，工作中依然有讥诮小人，依然有挑剔的上司，可是我的职位也提升了，我的薪水涨了一倍，我的豁达和善良吸引了和我同样正能量的人。朋友多了，小人看我的力量少了，他们慢慢地也就销声匿迹、不敢出声了。

我希望买到这部书的你，能同样找到你生活中的"苏格拉底"，他能给你力量、给你智慧，希望这部书能够改变你的命运。